Gotthelf Bronisch

Kaschubische dialectstudien Texte in der Sprache der Beloce,

nebst Anhang Proben aus einigen Dialekten

Gotthelf Bronisch

Kaschubische dialectstudien Texte in der Sprache der Beloce,
nebst Anhang Proben aus einigen Dialekten

ISBN/EAN: 9783744600514

Hergestellt in Europa, USA, Kanada, Australien, Japan

Cover: Foto ©ninafisch / pixelio.de

Weitere Bücher finden Sie auf **www.hansebooks.com**

KASCHUBISCHE DIALECTSTUDIEN.

UNTERNOMMEN UND HERAUSGEGEBEN

VON

GOTTHELF BRONISCH.

ZWEITES HEFT.

TEXTE IN DER SPRACHE DER BĚLÔCË

NEBST ANHANG:

PROBEN AUS EINIGEN Ł-DIALECTEN.

LEIPZIG
OTTO HARRASSOWITZ
1898.

Vorwort.

Aus Gründen, die nicht vorauszusehen waren, erscheint das II. Heft ein Jahr später, als ich ursprünglich plante. Es bringt die Texte aus den im I. Heft dargestellten Dialecten und zwar mit ganz geringen Ausnahmen genau in der Form, wie die Erzähler oder Erzählerinnen sie mir in die Feder dictirten. Ueber den ethischen, ästhetischen und folkloristischen Werth der Stoffe enthalte ich mich des Urtheils; ihre dialectologische Seite findet hoffentlich gleich günstige Beurtheilung wie das I. Heft. — Kaum nöthig ist es hervorzuheben, dass nur Kenner der grammatischen Abhandlung sich in den Texten zurechtfinden können.

Eine Fortsetzung der kaschubischen Dialectstudien findet meinerseits nicht statt. Ich möchte aber auch an dieser Stelle Slavisten, die sich in Dialectuntersuchungen üben wollen, die weitere Erforschung des kaschubischen Gebietes anempfehlen. Es bietet Stoff genug, um der Publication des Herrn Mikkola, die ich als werthvolle Ergänzung der kaschubischen *l*-Dialecte aus Pommern mit besonderer Freude begrüsste, weitere interessante und linguistisch-wichtige Abhandlungen folgen zu lassen.

Eine angenehme Pflicht ist es mir, Herrn Professor Dr. Bezzenberger, von dem die Anregung zu diesen Studien ausgegangen ist, bei ihrem Abschluss besonderen Dank für das hilfreiche Interesse auszusprechen, das er dem Unternehmen gewidmet hat.

Berlin, den 15. Dezember 1897.
N.W. Schumannstr. 10.

Gotthelf Bronisch.

Inhalts-Uebersicht.

                                                   Seite

I. Aus dem Heisternester Dialect.
  a. Putziger Heisternest.
    1. Die Schicksale eines Emporkömmlings . . . . 1—3
    2. Die Abenteuer des klugen Peter . . . . 3—6
    3. Wie einem der Zahn gezogen wird 6
    4. Das Nachtgespenst I. 7
    5. Das Nachtgespenst II. . . . . 7—8
    6. Das Nachtgespenst III. 8
    7. Die wunderbaren Enten . . . . 8—9
    8. Begegnung mit einem Gespenst 9
    9. Hexenertränkung bei Ceynowa . . . . 9—10
    10. Schwaches Gedächtniss 10
    11. Die Knaben und die Maus 10
    12. Die Räuberhöhle . . . . 10—11
  b. Danziger Heisternest.
    1. Der Dumme und die Gespenster . . . . 11—13
    2. Der Sieg treuer Liebe . . . . 14—16

II. Aus dem Kussfeld-Ceynowaer Dialect.
  a. Kussfeld.
    1. Fuchs und Wolf I (vgl. III. c. 5.) . . . . 16—17
    2. Geistererscheinung vor einer Epidemie 17
    3. Ein Nachtgespenst . . . . 17—18
    4. Die böse Stiefmutter . . . . 18—22
    5. Der schlaue Bauer . . . . 22—24
    6. Der ausgelernte Dieb I (vgl. IV. b. 1.) . . . . 24—29
    7. Der unanständige Schmied . . . . 29—30
  b. Ceynowa.
    Das Glück des Dummen 30

III. Aus dem Dialect der Schwarzauer Kämpe.
  a. Grossendorf.
    Die wunderbare Geige . . . . 31—32
  b. Chlapau.
    Hänsel und Gretel 32
  c. Schwarzau.
    1. Treue Liebe . . . . 33—35
    2. Der goldene Vogel . . . . 35—40
    3. Die zwölf Räuber und die zwei Brüder . . . . 40—44

	Seite
4. Die treue Schwester und die böse Schwiegermutter	44—47
5. Fuchs und Wolf II (vgl. II. a. 1.)	47—48
d. Gnezdau.	
1. Wie man Sorgen bekommt	48
2. Der einfachste Ausweg	48—49

IV. Aus dem Dialect von Putzig und Polzin.
  a. Putzig.
    Ein Retter aus mancherlei Noth . . . . 49—52
  b. Polzin.
    1. Der ausgelernte Dieb II (vgl. II. a. 6.) . . . . 52—54
    2. Das Glück des tapferen Schneiderleins . . . . 54—55

V. Aus dem Mechau-Starziner Dialect.
  a. Darsluh.
    Die Entscheidung im Grenzstreit zwischen Darslub u. Polzin 55—56
  b. Mechau.
    Der alte Fritz und der kluge Bauer 56

VI. Aus dem Dialect der Oxhöfter Kämpe.
  a. Rewa.
    Der erfinderische Schneider 57
  b. Pierwoschin.
    Abenteuer zweier Burschen . . . . 57—60
  c. Oxhöft.
    1. Der furchtlose Dumme (vgl. S. 68) . . . . 60—61
    2. Der aufgewachte Todte 62
    3. Ein Heirathshinderniss 62

Anhang. Sprachproben aus 1-Dialecten.
 I. Putziger Kämpe.
  a. Sellistrau.
    Grobe Belehrungen . . . . 63—64
  b. Oslanin.
    Rettende Vorsicht . . . . 64—65
  c. Bresin.
    Der durchtriebene Kantor 65

 II. Luzin-Schönwalde.
  a. Lusin.
    1. Der schwarze Mann im Baume u. sein Verjüngungsmittel 66—67
    2. Zaubermittel gegen Krankheit 67
    3. Selbsthilfe gegen einen Vampyr . . . . 67—68
  b. Grabowitz-Schönwalde.
    Das Glück des Dummen (vgl. S. 60) . . . . 68—70

 III. Bukow und Jasen, Kr. Karthaus.
  a. Bukow.
    1. Eine Sprachkur 71
    2. Diebesliat . . . . 71—72
  b. Jasen.
    Der Mann ohne Furcht (vgl. S. 68) . . . . 72—73

I. Aus dem Heisternester Dialect.

a. Putziger Heisternest.

1. Die Schicksale eines Emporkömmlings.

Bėl-tö jödǎn χlōp ā-mól třëχ knöpöf. Tǎn-jödǎn sö-zvól Śmǎr-cǎnla̧ip ā-tǎn-drědjé sö-zvól Kli**ŋ**kenberk ā-tǎn-třecé sö-zvól Śustěr. Tāk-tǎn-jödǎn-běl¹) šěfcö ā-tǎn-drědjé-běl¹) ksądzö ā-tǎn-třecé běl¹) stólāřö. Tāk-temuў-ksądzë šlö bārzö lëχuë. Tāk-muў-sö sǹilö, ěš, cé-bë wuën-šět dö-Olǫtë²), tě-bě-muў sāmë pχökli̇̄ güëlą́bö v gą̇bö pādálě. Tö bëlö jödně nöcë. Tāk-wuën-sö městīl. »Jj! tó-jö sěn, tö ńöjö ńic!«

Tāk drödžé nöcë sǹilö-muў-sö zós tö sāmuë ě třecé nöcë zós-muў-sö tāk sǹilö. Tāk-wuën-šět dö-Olǫtë. Tāk, jāk-wuën přěšēt v mā̇stö, tāk-wuën rózeöil gą̇bö ā-šět přéz-mā̇stö ā-ǹic-muў v gą̇bö ńöpādálö. Tāk-sö z ńöwuë lědzë sṁölë. Tāk-wuë öidzól jödǎn pön; tāk dö-ńöwuë väšēt ě řěk-jömuў: »Jós-tě glu̇pě?« A-wuën-muў řěk: »Ńęju. — Tāk-tǎn-pón-muў řěk: »Cěš-tě tö gą̇bö tāk rözeönē móš?« — Tāk wuën-muў röspuëöödzül, cö jömuў-sö wuě-třë-nöcë sǹilö. Tāk wuën-sö jöwuë pítól: »E³)-móžēš-tě pšisăc?« — A-wuën-muy řěk: »Jó«. — »E-móžēš-tě cětăc ě řǝχúëöǎc?« Tāk wuën-muy řěk: »Jó«. Tāk-ten-pón vzōn-wuë söbö dö-dōm. A-tǎn-pón-běl¹) ööldji kuўpc. Tāk-tǎn-pón dóstól lěšt s cěžěwuë krāju̇̄, ěš-mól třë wuëkrątë tiχuy přěšlāc. Tāk-wuën-puëslól a jöwuë těš f svój flăχ. Tāk, jāk-wuěn-tām dö-tewuë mā̇stă přěšēt, těj tǎn kuўpc běl dōt. Tāk wuën vzōn, předül wuëkrątüf ë-tíχ; ā pǐ**u**öńųdze vzōn ě sχúëöól f tāšö.

Tāk f līm mȫsce běl krōl; ā-tǎn-krōl-mól¹) jödnö dzěfŏö. Tāk-tö-dwuëjö χcālö-sö vrějöŏăc ā tǎn krōl těwuë ńöχcöl, ále-muў dōl nö-přŭt třë kuу̇štë: nó-tǎn-pǐ**u**örši dzěń, cö-bë-mól jöwuë cōrći

---

¹) enklitisch.   ²) Holland.   ³) E = ě.

pě*örscin'. A wuën muÿšil sēdzec zāmkli wÿgŏrë v jistěbi. A rōz-
mišlól, jåg-bë těn pě*örscin' dostŭl. Alē vöčŏr vëšlö tö dzěfćö
buyten. Tåk-wuën-wuëlěmk wuëknö ā wuěnå-jömuÿ ťučělă puëvrŏsk
å-nā-kójncū tëwuë puëvrōska běl ten pě*örscin' wÿřëšōni. Tåk-
wuën-sö puëūlól těn-puëvrŏsk dö-sě ā-jŭ-něn mól něn pě*örscín.
Tāk nö-těn drědžě dzěň wuën mól wÿkrāsc těmuy dzěfćëcë bötë.
Tāk jāk vöčŏr přëšěl, tåg-zós wuën-sö wuëknö wuëlěmk ā wuěna zós
nö-něn-puëvrŏsk wÿřëšëla bötë a wuën-sö puëūlól å-jŭ-mól.
Tāk na třecě dzěň wuën-mól dö-gŏrě puëd-dělē nåsrāc. Tāk
wuën sjön muÿcö z glövë ā tö nö-ňö nåsrŭl ě tě z ňö třās puëd-dělē
å-jū-mól.
Tåk-těn-król ťidzŭl, ěš-tö-běl¹) dobri χlōp. Tāk wuěňi-sö
wuěžěňilě. Tåk-tī-prlncövö nö-tö lëχuë zdřelë, ěš-tāćě-sö wuěžěňil s
krölövö cörkö ā wuěňi ňěj. Tāk wuěňi, ti prlncövö, zārōćëlë tëwuë
növëwuë króla nā-jåχlö.
A nö-tö-jåχtö bělö přěz-muěře dö-jidzěňö. Tāk wuěňi söbö
vzěnë bót ě šlë. Tāk, jåk-wuěňi tām přešlě, tāk wuěňi šlě fšëčći z
bótă prěč. A-těn-król wuěstávil svōj mątěl f tim bócе. A-ti-prln-
cövö mōlē-sö wÿrěkli, nā-jåkö gŭedzěnö wuěňi-bě-sö dö-bótă zjåčilě;
å-těmuÿ-növěmuÿ krölövi ňimōlě ňic řekli.
Tåk-wuën-šět¹)-sóm dåli a wuěňi-wÿstřelëlë kuězlă. Tāk, jåk-
wuěňi, ti prlncövö, přešlě dö-bótă, tāk wuěňi tewuë kuězlă wÿrněně
å-tö-krěćö wuěňi wuěsmārŏcălě těn mątěl; å-tewuë-krölă wuěstávilě
tām ā přëšlě dö-dŭm ě řekli ti mlödëj krölěvni, ěš-jī-χlōpŭ zčěřövö
rözděrvŭlě. Tāk wuěnā-sö bārzö zāsmuÿcělă, ěš-χlōpă puězběla;
ě-běla wuěna wuě-sětmë lāt zdōva.
Tåk-těn-jŏděn princ χcól-sö z ňö (?) wuěžěňic ě-bělë wuěňi jū
zāpuëvödōnij; tak mālö zā-tidzěňi běc vösěli. Alě běk-tö jŏděn fěšer
nā-drěgö strönö zā-χrōstö pråvö tām, zdzē ti prlncövö mōlë přet sětmě
lātāmi tëwuë növěwuë krölă wuěstávoni. A-těn-fěšer trůfšil-jöwuë ě
vzón-wuë söbö dö-dŭm; ālě wuën, těn fěšer, ňöpuëznól-jöwuë, ěš-tö
těn-jīχ-növě król-běl¹). Tåk-wuë-vzón söbö dö-dŭm, jåk wÿbüëdžě-
wuë. Tāk, jåk wuën-muÿ dól dömă jösc a tě-wuë wuëblěk f swuěji
rūχnă, tåk-těn król-sö pitól: »Čěš tū slěχäc növěwuë v mösce?«
Tāk těn fěšer muÿ-řek: »Nāšū zdövā-krölěvnó bọdze mālă ňövitrö
vösěli«. — Tāk wuën, těn-król, řek dö-těwuě-fěšrā: »Bọdzěš-tě tak

¹) enklitisch.

dōbr$ ā zāńŏsěš dō-ti-krōlěvnij těn pš⁰örscīń?« Tāk wuën vzōn ë
šēt; tāg-vāχŭ ńŏχcālă-jŏwuë puÿscěc, jāš wuë-šŏstěj vŏčōr, tē wuën
mól prīnc. Tāk wuën šēt wuë-šŏstěj vŏčur ë dól-jĭ ten pš⁰örscīń.
Tāk wuëna wuëbēzdřāla a nă-tīm-pš⁰örscěńū stŏjālŏ jŏwuë
mōnŏ, jāk wuën sŏ zvól. Tāk-wuëna vzëna ë sχuëvāla těn pš⁰örscīń
a řēklă tēmuÿ fěšrŏŏī, ëš-mól ză-dčŏ quëdzënë pŕīnd-zŏs. Tāk-wuën-
šět; tāk-wuënă-jömuÿ dālă pāk, mól-dăc těn pāk tēmuÿ vqdröfčī-
kuëŏī. — A čītrŏ wuënă, ta krōlēvnó, mālă bëc zdónó. Tāk wuën,
těn-jĭ-pš⁰öršě-χlōp sŏ-wuëblăk f krōlěfscē rüχnā; ă-jāk-wuëńī bëlë
f küëscēlē, tāk wuën šēt f těn krōlěfsŏī pālăc ë-sχuëvól-sŏ f tŏ jīs-
těbŏ, cŏ wuënă-jömuy mālă nāpšīsónč. — Tāk, jāk wuëńī přëšlë s
küëscōlă wuëd-zdŏvāńó, tāk wuëńī-sŏ cěšëlë ë vŏsēlëlë.
    Tăk-tă-krōlěvnó řēklă tāk: »Muěji mīh přějācēlē! Těrěs jó-
vāmă cŏ-púëvěm: ālē rōzmŏjötă dōbřē, cŏ-jó bŏdŏ gódālă!« Tāk-
wuëna řēkla tāk: »Jó mālă nŏvŏ klěděršpšīńŏ ă-jó-wuëd-ńī zqūbīlă
klūč. Tāk jó-sŏ dālă nŏvě klūč zrŏbīc; a-těrěs jó nālūzlă těn-pš⁰öršě.
Tāk ktěrěn jó-mōm¹) brěküëvăc?« — Tāk wuëńī-jĭ řēklë, ěš-těn-
pš⁰öršī. — Tāk wuënă-sŏ pītālă: »Čěš jó-mōm¹) s tim drědžěm klūčŏ
zrŏbīc?« — Tăk-těn-drědžě χlōp řēk: »Dej těn klūč dŏ-küëvólă ū
ńŏχ-wuë vřūcī v uědžīń ë ńŏχ-sŏ rŏstŏpš⁰ŏjŏ!« — Tāk wuëna wuë-
těmkla dvīřē: tē těn pš⁰öršī χlōp věšet z drědžě jīstěbë. Tāk wuënă
řēklă tēmuÿ drědžěmuÿ χlōpuÿ: »Jāk-jös sěsǫdzīl, tāk-mŏš.« — Tāk
wuëńī jŏwuë, těwuě drědžěwuě χlōpă vzěnë, nă-ōs vřūcělë ë zăvŏzlë
dŏ-küëvólă; a kuëvól zā-rŏskūzŏ krōlěvněj vřūcīl-jŏwuë, těwuě drě-
džěwuě χlōpă, v uědžīń ě spólīl-jŏwuë.
    A wuëńī-sŏ vŏsělělě stŏ(-krōt) rāzī vīcī, jāk mōlš-sŏ vŏsělěc, ěš-
těwuě-pš⁰öršěwuě krōlă nālēzlě žěvěwuë, cŏ wuë-sětmě lāt žŏdněj cē-
plěj strāvě nŏdŏstūl ă-jös-döχ-žīl. A-těn-drědžě krūl, cŏ-jömuÿ těwuě
ńŏžěcīl, těwuě trōnă wuěpsūdnǫc, tāk nă-jăχcē jŏwuě wuëstăvīl a
kuězlă wÿřnōn ā mǫtēl wÿsmārŏvól, ěš wuëna mālă čŏřěc, ěš jŏwuë
zvŏřątă rōzděrvālě. A těrěs sǫ (!) sprăvŏdlěvŏ próvdă puëkōzālă, ěš-
těn-svăt ńŏχcē žŏdněwuě māńŏctvă mŏc, lë ščērŏ próvdŏ lūbī.

2. Die Abenteuer des klugen Peter.

Tŏ-bělë wÿbuědžī rŏdzīce ā-mŏlě třěχ sěnŏf. A-těn-wuěc tŏ-běl
wÿbuědžī, ā-mātka-bělă¹) těš pře-ńīχ. Alē wuën-běl¹) řēbókŏ ā-ńīc

¹) enklitisch.

ńımȯk wÿlȯvic. Tāk tı̄ knȯpı̈ı gȯdālë: »Tātkuÿ, nȯ́m-sö̇:χcē jȯsc«. — Tāk tı̄ třēį knȯpχı̈ bëlë vē-śküëlı̈ bārzȯ vësȯk wÿċālı̈. A-ten-nȯ́mlȯtśı̈ sö-zvȯ́l Pχȯtěr; tö-běl ten-nȯ́mųdřěśı̈.

Tāk tı̄ knȯpχı̈ dö-sé gȯdālë: »Më muÿśimë jı̇c f svāt«. — Tāk nënka wÿpśöklȧ tře pąśċı̇ jı̇m nā-drȯ̆gȯ̆. Tāk wüëńı̇-sȯ̆ wüëddzö-küëvūlë z rȯdzı́cāmı̈ ś-ı̈lë¹) v drȯgȯ na-jı́mȯ̆ pąįnsċē; śĺë wüëkuël muëra cālı̈ dzēń. Přëśet böċȯr, slȯįnce zāślȯ̆; »gdzé-sȯ̆ puëdzéįömë?« Tàk-ten-jȯden sȯ̆-zvȯ́l Płȯ́ter. Tāg_blāśńȯ dȯ́-muëra: lëźı̈ śābla; wüëdńȯse dö-gȯrë v rąkȯ̆ a jı̇dze dö-nëχ dvūχ brātöf: »Nā puċįta!« — »A gdzë?« tı̄ dvā̇į-sȯ̆ pitąįȱ Pχȯtra. — »Tām v gȯrë«.

Tām f lëχ gȯräχ běl vësȯċi (vësötχě, -kχě) śělp. A tȧ́m-bëla¹) nā-ċèrkuÿ jāstχu̇ȯ́ wüët źńēįı̈. Ale wüëńı̈ tı̄ třēį brācȯ́ ńic ńȯvȯ̆dzēlë, ëś-bë tȯ̆ bëla wüët tāk ȯ̆ȯldźě źńēįı̈.

Tak wüëńı̈ vësūkālë në pąśċı̇ dö-jödzēńȯ́ ë zjȯdlë. A jāk zjȯdlë, tāk-sȯ̆-lēglë tām, wÿsnënë muëcnȯ. Přindze wüëgrȯmnȯ́, ȯ̆ȯlgȯ́ źńēįa, dȯā śı́źēńȯ vësȯkȯ́, dvānȯsce śı́źȯ́n dlūgȯ́, wüëblȯ́źı̈ dȯ́kuëla ńı̇χ tře rūzë ābuë tēś tře krądjı̇ dȯ́kuëla. Tāk jı̇m-sȯ̆ tāk cěplȯ̆ zrȯ̆ŧilȯ̆, mědëχ māt, ńı̇muëglë wüëdělcknǫc.

Ale Pχȯter jödnäk nȯ-śȧblȯ̆ třimūl v rące, tā-wuë dȯstāla döfstāńȯ; stȯįı̈ dȯ-gȯrë: »Aȯ́-tȯ̆ nā-svöce?« — Vēcigńȯ rąkȯ̆ dö-gȯ́rë, nā-stronȯ puēcigńȯ: tö-sȯ̆-muÿ ȯidzālȯ ċȯ́rnē; »ċěś nā-svöce to bǫdze?« — »Tȯ̆-mdze¹) mēst źńēįa, to zlē bǫdze«. A-nȯ-śäblȯ̆ vēzńȯ v lëvȱ rąkȯ̆, trimȯ muëcno: »tȯ̆-mdze¹) źńēįa«. Tak zbuÿdzı̇ lëχ dvūχ; zȧ́cënë fśětkąį tře křëċec, ëś-bë zdźinënë. Ale Pχȯter gȯdȯ́ do-ńı̇χ: »Nȯ̆vuëtȧ́-sȯ̆! Jȯ́-sȯ̆ vē-śkuëlı̈ wÿcil f tı̄ kłȯsce, ës jȯden Pχȯter tēś jąχȯ́l na-źńēįı̈ přēs-ċȯ́rnē muëre a přējąχȯ́l śċēnslȯ̆vȯ«.

Tāk wüën-jȯ̆ zȧ́cun smuÿkäc tö źńēįȯ̆ wüëkuël gąbě ā-jȱ-kuÿśkȯ́l ā-wüëna muÿ-sȯ̆ lāguëdnȯ tēś klāńāla glovȯ́. Tāk wüën z nȱ śȧblȯ̆ wÿχvȯ́cı̇l-sȯ̆ zȯ́-nȯ̆ jı̇ dlūgȱ śěrśl. Tāk wüën nȯ́-ńȯ̆ vlȯ́s dö-gȯrë ë sȯ́tsȯ̆ muëcno. Tāk wüëna wüëdlȯ́źı̈ wüëgȯn ā-tı̄-dvā́į vindȱ rūtěr. Jı̇dȱ přëċ; ā-nı̄-třēį brācȯ́-sȯ̆ rące dëlë, wüëkuÿśkālë ë přëċ wüët-sé wüëdëślë. A na-źńēįa z nı̇m Pχȯtrȯ prȱsto v muëře. Ale Pχȯtěr-sȯ̆ třimȯ́l muëcno; ë jąχālë dzēn ë nȯc přëz²)-muëre ë ȯąχālë v lās; a třj wüëna z nı̇m nëkāla v lās mı̇l wüë dvādzēsca dö-jȯzora.

Tak wüënā-muy glȯvȱ tχı̇ȯ̆ö, mȯ́l z ńı̇ zlësc; tak wüën zlȯ́s. Tak wüënā-sȯ̆ f pȯl fsādzı̇ v nȯ̆ jȯ̆zoro, bāńȯ́ v grūnt tře śı́źeńȯ a vënöse

---

¹) enklitisch.   ²) Man sagt auch pȓȯ́z-.

v muÿǹi, f pëskû, kuëŕōntχı do-jŏdzēǹŏ nēmuÿ Pχŏtroói; ā Pχōter
jót, to pχąkno śmākālo. Tak wuënā̊-sŏ fsādzi jŏś-rós ë vëǹöse fuÿl
pësk kuëŕōnkóf jömuÿ nā̊-drogo. Tâk-wuën nó-ǹŏ zós vlós. Jādō
dāli v lās, tak-dâlsk jāś dǫ̀-jì-jāśćiǹi. A-ta-jāśćińŏ, to-bēla vólgó
gōra ā̊-to-bél sōm dēāmâ̊nt, ta gōra. Tāg-v nōcë ta gŏra-sŏ pólëla,
jāg-bě-sŏ cālī svāt pólil. Tâk-ten Pχóter zlós puël ni jì jāśćiǹü a
pātŕi tak nó-tö gōrŏ. A gódó dŏ-sě: »Aχ, pāǹŏ, ćěś-za-óóltχē cūt
jö tū! Tó-jö vóltχē krōlefstwuë tū«. A jē ně kuëŕōntχi a rozmīślŏ,
ćěś zrōbi. Alě wuěnā̊-wuë vzěna v jāśćińŏ a tē wuěn-jō smūkól, ěś
māla z ǹim jìc v lās, kuëŕōntχī wÿrvǎc dō-wÿplecēǹe (!) kuëśa Pχó-
trovi. Tāk wuěńi jīdō nāzōt v jāśćiǹŏ. Tāk wuěn plēce nen kuěś
sōbö. Jāk ḿól kuěś wÿplōtli, tāk wuěn-jō wÿχvócīl wuëkuël śěį rą-
kūmi. Tāk-jī tāk puëkāzovól, ěś-bē śēt prěć. Tāk wuěn-sŏ nāklepól
kǫskōf dēāmăntë fuÿl kuěś. Tāk wuěnā̊-wuë wuětprovādzëla nā̊-
drōgŏ ë ŕěklā̊-muÿ: »B'óį tō drōgō tū prōsto«.
Tâk-wuën přindze dō-jödnē fsë, tō-bëlo¹) dālīk dvānósce mīl.
Dól kǫśićk dēāmăntë tēmuy zbŭrovi. Tēn z ǹim jāχól dvānósce mīl
dālīk. Tāk wuěn-muy dól jöś kǫśićk: tāk wuěn z ńim jāχól jöś pśinc
mīl. Tāk wuěn-sŏ věsūkól, Pχōtěr, zbŭra jöś nā pχinc dvādzěsca
mīl do jāχāǹe dŏ-krōla. Tam bëlo mâsto. A wuěn dól dōbrěį štěk
dēāmantë tēmuy zbŭrovi zā-jāχāǹi. Přējādō dō-mâsta, zlěze z
wuěza, puědzěkuÿjö kuÿćrovi, meldēįŏ-sŏ dō-krōla do-gódāǹŏ s krōlŏ
wuë-ten-dēāmânt. Vāχa puÿscëla do-gódāǹó s krōlo; přindze wuě-
dzevǫtě nā̊-vŏčŏr dō-krōla, gódö s krōlŏ: »Jó-mōm¹) dārěnk vōm
naį jāśǹěśěmuy krōlovi: tēn kuěśik tëwuë dēāmăntë. A jó-ćěm, ᶎdze
těwuë jö vólgó gōra: pχindzěsǫt mil wuěd-vās dālīk«. — Krōl gódó:
»Věsmë śēsc wuëkrǫtōf wuěįārśćěχ a ŕěįmąt żolněŕi a śesc kāǹón
ôtālri, ā-tě-mě puēmāśěŕěįömě strǫdŏ to pχindzěsǫt ḿīl a mě-mdzē-
mě¹) stŕēlālë s krāįū do-vāįū a vā dŏ-nās. A ć"ö mě s krāįū dva-
nósce śösōf dōmë, tě-to-jö ta gōra dēāmantōvó«.
Tāk krōl puěstāóil přět-tō-jāśćińŏ rěgimént żolněŕi ë śesc ᶎěśi-
cōf wuět-ôtālri. A tě stālkuÿlāmi tö gōrŏ rostŕaskālë f štětχī. A tě
wuězělë dō-wuědë a pākuěvālë v uěkrǫtě wuěįārśći; śesc wuëkrǫtōf
nāpakuěvālë dēāmăntë. A tö źńįŏ f štětχī puětŕaskūlë.
A ten rěgimént māśěrōvól dō-dōm ë fśětkuě wuěskuě ë to śesc
wuëkrǫtōf dŏ-krōla těś.

¹) enklitisch.

Cö-zū-fréda wý-kröla dōma! Muÿzika, tōįnce, būle cūłí tidzèń. Pχōter dōstól krŏlovō princĕsŏ, źèńil-jō ū ȍöle paįnstva dōstól wúëtkröla dó-smörcë. A dól swuëįëχ rodzicŏf ālȕc ū vĕšūkŏl tĕś swuëįëχ brātöf do-sĕ. E źĕlë fśĕtcë ë źëįö jáś dó-smörcë puë dzis dzĕń. A mū dvaį to wuëpχisūla pŕë-sklönce pχiva.

3. Wie einem der Zahn gezogen wird.

Tŏ mŏze bëc nū-dvūdzēsca lūt jāg_v Buĕrŭ jöděn χlöp sö-zvól Lqc; jū ńŏźëįö. Tūk jömuÿ tāk cq̇śkuë zųp buëlól; tāg_jö̇wuë b̆ālkămuÿ gódūlă: »Főděr, zāb̆i v bālkŏ gŏśc a̍-ten-zųp wýŕeśë nū-puëvrŏsk: mŏześ jö̇wuë vëróśa. Tūk wuën tĕś tö zrōb̆il. Wuën něn zǫp wýŕeśil a-pȕestūčil-sö stölk; tūk-wuën-vlós nö-něn-stölk ë-muëcnö něn zųp wýŕeśil ë-pŕešlă jö̇wuë b̆ālkă ē-něn-stŏlk puëd-nógāmē jömuÿ vějěnă a̍-wuën-spót ë puëvrŏsk-sö wýrvól ū-zǫp wuëstól. Tūk wuën-tūk-χȕëdzil puë-jistēb̆i, tūk stq̇kūl: »Oχ jinë! Mōį zųp, mōį zųp!« Tūk jö̇wuë b̆ālkă-muÿ gódūlă tūk: »Főděr, vĕś-të-cŏ? Zāb̆išŏ gŏśc f prōk ū-tĕ těn zųp wýŕeśë ā-tĕ-wuë pröbuÿįöś nū-vërvāńi«.

Tūk-wuën-tĕś tö zrōb̆il; zāb̆il-wuën něn-gŏśc a̍-něn-zǫp nā-muëcně puëvrŏsk wýŕeśil ë-tĕ-wuën klëk nă-zemö ë-dvĩŕe zāmk muëcnö ë-tĕ-wuën pröbuëvól něn-zǫp nū-vërvāńi]; a̍-jö̇wuë-b̆ālkă pólëla pχeck; buë bëlö v zëmö. Tūk wuëna čela, ëś wuën stq̇kól a ńimök newuë-zq̇bă vërvāc. Tūk-sö-měslělă: »Móś-të-mārńö ē-svōį-zǫp pŕepādnǫc ?«

Tūk-wuënă těn-pχeck pólëlă lěčivněmi pńūmi. Tūk-wuënă śtěk pńā s pχecka věvlěklă z wuëgńö ā-wúëtχlāstlă dvĩŕe ë-tĕ němuÿswuëįimuÿ χlopuý nen śtěk pńā z wuëgńö prōstö v uěcë vētklă. Tūk wuën tūk sö cq̇śkuë sēŕās, cŏ wuën zūrěs něn-zųp vërvól ë ŕek tūk: »A-cŏ-bë-jös bābuë dǫχ ńövěm kuěwuë χcūlŭ zā-mōį zǫp! jāk buëlól, tak buëlï«; a wuën ńŏvödzól ńic, ēś-ten-zǫp-běl¹) vërvóně. Tūk tū zā-muëįö b̆ālkō v gōń a̍-tūk-wuënă wýcěklă v lūs; bùë-jö lās blëzë pŕe-fsí. Tūk-wuëńi (= -n jï) ńövěśūkól ë-pŕešět dō-dům ë-nālós svōį zǫp nū-puëvrŏskuý nā-zēmi wýŕešoně puëóódŏ tūk: »Aį, buëźe wuěcě, χvólă, č"ö-le těn tirānjö prěc; ā-tĕ, něnkuë, puěį dō-dům; jȕnĕn-brědól-jö prěc; těrěs lĕ-nāmă vóčerů wývūŕë«.

---

¹) enklitisch.

4. Das Nachtgespenst (Alpdrücken) I.

Bĕl-tŏ χlōp z bȧlkō ā nĭmölë żōdnëχ dzēci. Tȧk-tĕn-χlóp vĕrĕ-zŏvól nä̇-dvā-dńi̇́ prĕc̓. Tȧk-tā-bȧlkä-sö vzënä swüëj̓iwuë svāgrä sĕnä do-sĕ̓ nä̇-nŏc dŏ-tövȧrëstvä. Tāg-v nōcë ji-sö sńiĺŏ, ëz-dô-u̇̕ pr̓ĕ-s̓ēt χlōp f c̓ĕr̓ōnĕm wuëdzēńim. A v nim tĕn-knóp-ji r̓ēk: »Cōtkä, m̓ö-sö-χcĕ̓ s̓c̓āc«. — Tȧk-tĕn-knóp vëlős z lōs̓kä ë-vës̓c̓ól-sö ë-vlóz dŏ-ńi nūzót v lōs̓kuë. Tȧk-jāk-wuëńi-sö pr̓ĕkrëlë pχör̓ënō, tāg-ji-sö stālŏ cą̊̇s̓kuë nā-pχörsäχ. Alē wuënä-sö ńĭmuëglä ńic puëräzdzëc. muÿs̓ëlü wuënä tāg-dlūguë lëdäc, jäż-nŏ-zńi zlūzlŏ. Tāg-ji-sö χcālŏ s̓c̓āc. Tāk-wuënä s̓lū-sö vës̓c̓āc ë v̓idzi, ëz̓-nĕn-χlóp v nim c̓ĕr̓ōnim wuëdzēńim stōj̓i. Tāk wuënä jōmuÿ r̓ēklä: »Ahä̕, tŏ-të-jŏs tĕn, cö-tĕ̓-m̓ö döpχĕr̓ë vĕmuër̓il!« — Tāk wuën-jō trūs f pësk. A wuëna jōmuÿ r̓ēklä: »Buëdä̇́i̯, jöz dŏblä zjót a v̓itrö nā-frēs̓tëk pr̓ës̓ēt a pr̓ĕ-ńŏs-sö lĕs̓kö!« — Tāk-wuën-jō trās z drēdjē strōnë f pësk ë dŏstālä wuënä zārĕs rōzŏ ë lēglä wuënä zārĕs χuërŏ̕.

Tāk tĕn-ji-χlóp pr̓ĕs̓ēd dŏ-dŭm ë-r̓ĕk-ji: »E-dŏblä të muÿtĕr rōbis̓; nā bŏlīm dńū lēżis̓ v lōs̓kuÿ!« Tāk wuëna jōmuÿ fs̓ëtkuë rōspuëc̓ödzūlä, jāg-z ńó v nōcë puëχuëdzëlŏ̕. Tȧk-tĕn-ji-χlóp r̓ēk: »Buëdä̇́i̯-jös swuëj̓ä muërä kuëpö̃ dŏblŏf zjūdlä!«

5. Das Nachtgespenst II.

To bëlo pr̓ēt pχindzdvadzēsca lātī, tāk jöden parópk s Puÿctχē Jāstarńē slūżil v Mi̯dze (Weichselmünde). Tak wuën wuët-tewuë s̓ĕpra muys̓il spāväc nä-pr̓ǫ̇tr̓e. Tak wuën tēs-spól pōro ńōdzēl. Tag-bëlo tĕs̓ z^d Rĕbŏkōf v̓ōls parōpkōf nä̇-slūżbö tūm v Mi̯dze. A-tä̇m jö takó mōda: s̓ĕper sē-swuëi̯ŏ̕ bȧlkō ĕ z dzēcūmē ë s parópkämē f sŏbuëto puë firóvõnce dŏ-karc̓më jidze a-tä̇m, jak jĕvënlĭχ, zbīvä̇́i̯ū-so co tidzēn̓ co sŏbuëtö tōi̯nce. Tak ten parópk jöden s̓ēt dō-dŭm sē swuëi̯im s̓ĕpro ë-s̓ēt prōsto nä̇-pr̓ǫter späc. Tȧk-so nōpr̓ūt zȧpólil lȧpko; buë muÿ nād-glovŏ̕ ta lȧpka puël-jöwuë lōs̓ka v̓isāla ë tamüë tĕs̓ pr̓ë tī lȧpce v̓isól märspχitχer.

Tak ten parópk so-lĕk v lōs̓kuë ĕ̓ lēżi ë lȧpka muÿ-so póli. Tak c̓ĕi̯ö tĕs̓, ĕs̓ puë-trȧpχ^uö co jidze: to tak s̓lo lē: c̓ū-pū, c̓ū-pū, jȧs̓ jōdnīm rāzó-so nālāzlo puël-tewuë parōpka puël-lōs̓ka. Tȧk-muÿ puë-v̓ódalo tāk: »S̓uf di bēt ūfu; të ten parópk nō-to vēzdról, të to bëla takó bāba wuët sto lāt a bëla wuëblēklŏ v drëkuëv̓im wuëblēc̓ēńim a mȧla tėś tīm sāmim glȯvo wuëbŕëśȯnȧ. Tak zroḃila tëwuë parōpka tak mēdëχ, co wuën so źōdnë rādë ṅȯvȯdzȯl. Ale bël muëcṅëįśi; buë bël parȯpk wuët pχindzdvadzēsca lāt stȯrī. Tak wuën-mȯl dīχfīχ krāft a pŕēsīk-soḃö pŕēz-glȯvö za fīm mȧrśpχikro, co wuën χcȯl to muëro zdōbëc a wuën tśś jō zdōbël. Alē ćëś wuëna-muý zō-tö z⁴roḃila? Wuëna nȧ-ṅȯwuë z nāχtskana të śćënë vëlāla, buë wuëna wuś χcūla fīm nȧχtskano zāḃic. Ale wuëna v ṅȯwuë ṅōtrafχila, lē f scāno. Tȧk ten nāχtskan bël wuëd-glënë ë stlūk-so. Tak jömuý-so co ỏićí ṅōzroḃilo, lē wüët-tewuë nȧχtskana śtëk wuëtpȯt a trāfχil jömuý nȧ-rąko š stlūk jömuý rąko tȧk, co wuën wuë štërë ṅōdzële muyśil to rąko guëįic. A ëślē-mö muëįū pȧnovö tëwuë ṅȯtȯŕita, të jȯ-vāma tëś tewuë ṅōźśco. Buë χtēren-bë jōsta bëla buëjazlïvȯś, tȧn-bë tëś trūpo zārës pȯt, cᵃöbë to muëro swuëįëmi wuëćāmi ỉȧdzūl, co jȯ vama ṅūkuëmuy ṅōźśco, co vāįi a mö buëźe brōṅj.

6. Das Nachtgespenst III.

Śet nȧ-strot tū χlōp; tȧk ksąźec svëcil jȧk nā-dṅū. Tȧk wuën jīdzē strųdō ëś-bë-cö nālȯs; buë tū wuëkrątë f strųdzē bëlë. Tȧk wuën śet, nālȯs dël. Tȧk-nën-dël vzōn nȧ-rēmö ë jīdzē nāzȯt. Tȧk-wuën-ỏidzi χlōpȧ f tātχim śläfrōkuý; jỉdzē-muý nāpŕätk. Tak, jȧk nën χlōp dȯ-ṅȯwuë döχuëdzi, tȧk wuën ỏidzi, ëś-tȯ-ṅōbël rīχfīχ χlōp. Tȧk-wuën-mȯl bëkö v rącē. Tȧk wuën nën-dël ŕūci z rëmȯna. Tȧk jīdzē nȧ-nëwuë-χlōpȧ z nō bëkō. Tȧk nën χlōp pŕed-ṅỉm wýstupχỉ wuëd-wuëdë āś-dō-gȯrë. A-tȧm-bëlȧ¹) gȯrȧ vësōkȯ ā pŕitkȯ, cö bëlö nā trëdzësce stöp vësȯk. Tȧk, jȧk-wuën-bël puët tō gȯrō, tȧk nën χlōp skuëk wuëd-rāzȧ nō-nö-gȯrö; ū zārës zȧ-tō-gȯrū jö lās. Tȧk wuënö zȧćënö öötvö lūmȧc ȧ-në-ćōtvö nȧ-ṅȯwuë pādālë. A tȧk-jömuý tātχś strāχ dālö, cö wuën muýśil wýcekȧc, cö-muýcö zgūḃil wuët-strāχuý ë wýcek dō-dům.

7. Die wunderbaren Enten.

To jö tēres lȧt dvanȯsce, tȧk tū pŕëśet wuëkrąt f stroi, to so zöö London. A fī innỉ-sö vëretālȧ, ale štërë χlōpχi wýtonënë. —

---

¹) enklitisch.

Tak tū tewuë třecľwuë rōkuy púětemuy, jak wuën přëšēt f strǫt, bĕla krōlěfskó robuěta: dīnë sadzōnī χārłto. Tak tam bĕlo wuësmědzēsǫt lědzł, tam robīlë. Tak tī dvaį χlōpχi rvālë χārłt na tīm zatońōnīm wüëkrąto. Tåg̬bĕlo¹) dëχt glāda štël a wuëńi zdřēlë nó-nen wuëkrąt. Tak víďzēlë plëvàįǫcë třë kàčtχī. Tak në kàčtχi plëvūįō dó-břeguÿ; tak jak přěplëvāįū dó-břeguÿ, tāk vĕlëzō třę̄ χlōpχi. Tak so wuëtřąsō, të māįō tak dlūdjī vlōsë, co jīm na-remōna lëželë. Tak jidō wüët-břeguy nå-dīnë, tam jö gōra, a wuëńi wüěd̬raza nī třē nó-no gōro fskuëklë; a të přes to gōro tam běl dōl. Tak wuëńi-so rozdzelëlë na třë kąįntë tī třē; tak wuëńi do-së ęàčënë skākăc. Tak tī dvaį-so na-ńíχ přězërāįō, a të jödnīm rāzo wuëńi, jåg̬bë wuëńi dońíχ χcēlë jic. Tak tī dvaį dóstelë tatχë strāχ, tak wÿcēklë do nëχ jïnnëχ robuëtńikōf; të tī jū prāvö třīmālē pólńö; buë bĕla prāvö dvanóstó. Të wuëńi jīm puëvódālë ë vzënë jïχ fšëttχëχ, dzë tī třë stóįölë, a puëkazovālë fšëtkuë, jāk wuëńi robīlë ë skǫtka wuëńi přëšlë tī třë. Të wuëńi żódnëwuë špūrë ńódostelë.

8. Begegnung mit einem Gespenst.

Mōį pōlbrāt běl tū v Jåstarńi ë tug̬jó-wuë wüëtprovādził nådrogo do Kuÿsfelta. Tak jak wuën běl přes to gōro, co so vö Lïbek, tak tam jïdze v dōl jöden. Tak wuën vidzī wüësobo a wüësoba jömuy jïdze nåpřōtk. Tak jak wuëńi bĕlë krōtkuë přë-së, tāk wuën so pitō: »Čëš të jös za jödna?« A wuëna muy ńic ńöwuëtpuëvódó, lëwuë ńóχcala puÿscëc do Kuÿsfelta. Tak wuën jös-rós so pitó: »E jös-të to čë to?« Tak wuën šēt f ten kąįnt wuëd-dīn dó-wuëde ë přešēt dó-wuëdë. Tak wuënå-muy stōį̄ napřecif z nōwuy. Tak wuën ńóčödzól īnně rādë; tak mól tχÿ̈ v rące, tak wuën jō zāklun ë të nīm tχiįo tak móχnun prōz-ńō: a të jöden štěk wüětpót nō-ten kąįnt a drëdję̊ nō-tën kąįnt, a wuën přěskuëk prōsto ë lēcól do Kuÿsfeltë. E-të, tχ"ö wuën přëšēt do Kuÿsfeltë, të jömuy s kåždëwuë vlōsa krōpla cēkla. Të wuën fpót prōsto dó-karčmë, të wuëńi tam ńimuëglë jöwuë wuëdrētāc.

9. Hexenertränkung bei Ceynewa.

F Xālëpăχ bĕlŭ jödnă bålkă̄, tū-so zvālă Cīnōfkă. Tāk tī lëdzë mëslëlë, ěš wuěnă bělă čārövńică. Tāk wuëńi-jō vzënë nå-bót š-šlë z

---
¹) enklitisch.

ńö nă-muëŕē ë tē zăćënê-jō topšic. A wuëną ôôdnö nā-ćēŕškuy nă-
wuëdzē plëvālă jŭg-gąs. Tāk ti χlōpšī zăćënê-jō bic tāg-dlūguë
jăš-jō zăbilë. Tāk zō-tö jödén dōstōl sëtmë lăt dö-zósādë ă-tēn-
drëdjë dōstōl dzēsinc lāt ă-lën-tŕëcē pšinc lāt. A tērēs wuëńi ti
fšëtkă tŕej jū ńözëįō.

10. Schwaches Gedächtniss.

Jödnă dzēfkă słūžēlă v Elū[1]). Tāk wuëńi-jō puëslūlë zā-sëtkö.
Tāk wuëna bögó ă-dō-sē gódó: »Zēvë, zēvë«[2]) ā f tim wuëną wy-
pūdlă ā zăbëlă, cö tö mălö bëc.

11.[3]) Die Knåben und die Maus.

Bēl-tö χlōb-z bălkō ā-mölë tŕëχ knōpŭf. Tāk tën jödēn šēt gąsē
pāsc. Tăk-wuën-nēkól dălikuë s tēmi gąsāmi; tăg-dó-ńöwuē prëšlă
jödnă mëš ā wuëną jömuý ŕēkla: »Daį-mö χlēbă, mö-sö-χcē jösc«.
A wuën ŕēk: »Jö nimōm nic χlēbă ēni pēŕinci«. — A wuënă-muý
ŕēklă: »Tē-jös lē-zā-skrōmni«. A wuënă-šlă[4]) prēć wuëd-ńöwuē.
Tāk tö-bēl[4]) vōćōr a wuën nēkól dō-dōm të gąsē. Tāg-drēdžēwuē
dńā šēt drēdžē knōp pāsc. Tăk wuën tāg-dălikuë nëkól, jăk-tēn-
drēdžē-knōp të gąsē. Tāg-dó-ńöwuē prëšlă tā jūstnō mëš ā-muý
ŕēklă: »Daį-mö χlēbă«. A wuën ŕēk: »Jö nimōm«. A wuënă ŕēklă:
»Vā jöstă, vā dvāį, zā skrōmni«. — Tăk-wuën-nēkól dō-dōm. — Tāk
tŕēcēwuē dńā šēt tën tŕēcē pāsc krōvē. A wuën-sö vzōn tŕë rāzë vici
χlēbă. Tăk-wuën-nēkól tŕë rāzë dāłi të krōvē, jăk ti dvāį knōpšī.
Tāk dó-ńöwuē prëšlă mëš ă-muý-ŕēklă: »Daį-mö χlēbă«. A wuën-jī
dól χlēbă. A-wuën-ŕēk: »Ćēš të-mö dól-zō-tö?« Tăk-wuënă ŕēklă:
»Tö-sö jöž-dzis trăfši, cö-jó-cē dōm«.
Tăk tēmuy knōpuëći-sö stól zōmp lōs. A wuën-jī ŕēk: »Mëškuë,
mëškuë! Nā gnócānēwuē! ā daį-mö stălānēwuē!«

12. Die Räuberhöhle.

Bēl-tö krōl s krōlēvnō ā-mölë dvūχ knōpŭf ā dwuëįö dzēfćąt.
Tāk ti dvāį knōpšī šlē-dó-lāsă ë-prëšlë dö-jödniwuë vółdžiwuē kă-
mēnā. Tāk wuëńi-šlē[4]) dō-dōm ë ŕēklë tim dwuëįö dzēfćątōm ë tēmuy

---

[1]) Hela, geschl. š.   [2]) niederdeutsch = Sieb.
[3]) Die folgenden 2 Erzählungen stammen von einem 11 jährigen Knaben.
[4]) enklitisch.

krŏlŏći ē-ti-krŏlĕvni ëš-tăm-bĕl¹) f tim lësē tăćé ŏŏldźi kămĕn jăk năšě χëćē. Tăk wuëni ńŏχcëlê-jim čŏrëc. Tăk-tĕn-krŏl puëslŏl tŏ dwuëįŏ dzēfćą̊t s tëmi dvūmă knŏpămi. Tăk wuëni-šlë¹) wuëbēzdrëc, ěš-lē tĕn kămin tăm bĕl; a ri̯χli, tĕn kămĕn tăm jŏ. Tăk wuëni-sŏ wy̆ćēšëlë ëš të (!) knŏpši prŏvdŏ puëŏŏdzēlë. Tăk wuëni prëšlë dŏdōm ë řēklë krŏlŏći ë krŏlēvnę̄j, ëš-tŏ-bëlă¹) prŏvdă, ës tĕn kămini tăm-bĕl. Tăk krŏl jāχŭl ë krŏlēvnŏ ē-tŏ-dwuëįŏ dzēfćąt ē-ti-dvăį knŏpši dŏ-ťēwuë kámĕnǎ. Tăk, jăk wuëni prějāχūlë, tě-tĕn-kămin bĕl wuëtēmkli; tē jŏdnŏ dzēfćŏ jŏdniwuë χlŏpǎ vëprŏvŏdzālŏ. Tăk tŏ dzēfćŏ jim řēklŏ: »Ńŏχuëdzēťă-tū, buë tŭ-jö¹) vāįi smŏrc. Tăk jŏ-tēwuë χlŏpă skrēlă; buë wuëni-bë-wuë zăbilë. Ťērēs wuëni špsŏ (spšŏ); tăk jŏ-tēwuë χlŏpă tū vëprŏvădzēlă; tū vici ni̯χt ńŏχuëdzētă, buë tǔ-mdzě vāi̯i smŏrc!« — Tăk-nĕn kămĕn-sŏ zāmk ā wuënă-šlă¹) dŏ-nĕχ-muërdări, cŏ-tăm-bĕlë.

Tăk-nĕn-krŏl jāχŭl dŏ-dōm ë-vzŏn-sŏ nēwuë-χlŏpa sŏbŏ zū-pārōpkă ë wuën jim wuëbrŏŏŏl ë jāχŭl s kúënumi fšą̊dzē, zdzē krŏl jāχŭl.

b. Danziger Heisternest.

1. Der Dumme und die Gespenster.

Bĕl-tŏ jŏdĕn χlŏp z bălką̊ ū mŏlë třěχ swuëįěχ sënŭf. Tăk tĕn wuëc bĕl bārzŏ wybuëdźim; ā ti sēnovŏ fšëtkaį třěį bëlë dŏrŏsli dŏžeńŏńŏ. Tăk tĕn wuëc jim řēk: »V'ētā cŏ? Pŭdzetă f stăt a χlŏmdzē¹) mŏl vici pš°ŏńądzi, tĕn tŏ muëįŏ guëspuëdărstwuë dŏstŏńŏ«. Tăk ni šlë f stăt ë šukălë, dzē-bë muëglë jăk-nŏvici zvëskăc. Tĕn jŏdĕn brăt wuët-tĕχ-třěχ ten bĕl wuëd-ni̯χ zā-nŏglēpšiwuë trimŭni; ălē tĕn f swuëįěχ zāχăχ bĕl bārzŏ mądri.

Tăk tē wuëńi šlë, jŏdĕn tăm, drēdźé tăm. Tăk-tĕn-glŭpi, cŏ ti dvāį-wuë zū-glŭpiwuë mŏlë, tĕn přēšēt dŏ jŏdni fsë, pitŏl-sŏ, cŏ-tăm bëlŏ slěχăc.

A tăm-muy̆ řēklë: »Bārzŏ zlē tǔ-jö¹) slěχăc; tŭ-jö¹) kuëscŏl ā f tim kuëscēlē tū bārzŏ strŏšŏ. A-χuëc tū χtŏ nă-nŏc jidzē a wuëpăsëįŏ f tim kuëscēlē, tē năpuërĕnk wuën-jŭ jŏ dōt. A tǔ-mŏ¹) krŏl tāg-řēkli, χlŏ-bë tŏ vëbăvil, tĕn-bë vŏlqa lăską̊ wy̆-ńŏwuë dŏstălǎ«.

Tăk nĕn-glŭpi tĕn-sŏ nŏ-tŏ wy̆dŏl ë šet v imą̊ Buëga tăm. Tăk,

¹) enklitisch.

jåk wuën-tām pŕëšēt, tāk jåk wuën-tām štöčik sēdzŭl, tāk pŕëšlö jödĕn rōs bölgö muëc χlōpŭf ū-zåčënê-sŏ bārzŏ strāšnŏ wuëbzērăc ā-nĕn bǫdǫcī, co tām sēdzŭl, nĕn-glūpi, tēn χcól wŭĕl strāχuŷ pšŏŕkăc pŕëĕ (zvörnǫc). Alě-sŏ pĕŕnǫ wuëbdől, bŭë-móĺ [1]) strāχ, jāg-bë wuĕn wŷcīkól, tūg-jŏwuë-šěcī-bë plāčŏvālŏ. Tāk-wuĕn-sēdzi å-na-ŕiχ dērχ zdŕi, cŏ wuëŕi-bë rōbīlĕ. Tāg-jödnim rāzǫ pŕëvlĕkǫ dvāį trŭpă ā těwuë-sŏ puëlöżëlē nā-stöl ë zāčënê-wuĕ fsëlcë wuëpktūdăc [2]) å-muŷ puël-wŷχă rëóëlë: »Wuëddāį dlëdži, bǫdzēs jāk drēdžī«. Tāk nĕntrŭp, nĕn-wŷmārli, tēn zāčön tëχ ďöblöf, cŏ-lēwuë bīlë, prōsëc, ëš-bë wuĕn lāčēwuë zō-sǫ döstŭl, cŏ-bë-tēn zā-ŕöwuë fsëtkuë vëplācīl. Anĕn, cŏ nŏ sēdzŭl, tēn fsëtkuĕ-sŏ pŕëslëχöl, co nĕn-wŷmārli gódŭl. Tāk tēmuy glŭpimuy tāk stålö-sŏ żöl ë-mól pŕå-sě sprösöni bölē pš[u]ŏńǫdzi ë-zārös nā-nëwuë wŷmārliwuë prōzbǫ në-pš[u]ŏŋǫdzë smĕrgnönjīm dŏ-nök, jås-ni-čarcë nö-sǫ sŏ-puëzdŕëlë ë tāčé döstëlë strāχ, jās ŕövödzëlë, gdzë mölë wŷcēkăc ā gdzë kǫta sëkăc. E [3]) tāk-sŏ tlömuëvālë, jāš(s)cānë pǫcālë. E-tāk fsëlcë żdžiněnĕ, jās-sŏ bidnŏ stālŏ. A-nĕn-glūpi, cŏ-tām-bél, tēn ĕ wuëstūl. Tāk-nā-puërĕnk ni-lëdzē s ti jūstni fsë, ti zāzērālë ā żdālë, ëż-lë-bë wuën żil ābuë ńëį. Alë jödnim rāzǫ wuĕn vëšēl z wŷsmóněmi licāmi ë pŕëbitól-sŏ z němi fsëlčēmi lëdzāmi, cŏ-tām pŭël-lēwuë kŭëscŏlu bëlë, ēs-wuĕn-móĺ jū jödnǫ nöc vëkuënŭni.

Alë jös dób nöcē strāšně nā-ŕöwuë (pŕed-ŕim) stŏjŏlë ā »Bög-cē, ëźlě-tŏ vëkuënāįǫ (zvëčǫźǫ)«. — Tāk wuën-sŏ vëpröšil, dzē-bë wuĕn mök-sŏ döbŕē vëspăc nö-tǫ-drēgǫ nöc; buë tā-bë-bĕlǚ tēs bārzŏ strāšnó.

Tak wuën tëż-döstŭl wuĕd-nëχ-lëdzi bārzŏ pįǫkně puëscëlĕni, ëš-wuën-sŏ mök döbŕë vëspăc. Tāg-jāk bĕlŏ zös wuëkuël vöbŏră, tāk nā-ńīm skörǎ zmērālǎ (drëżāla); tāk ńic ŕöpuëmuëglö, lē-sŏ vzic ā v īmǫ Buëgǎ v nën kŭëscölj īc. Tāk, jāk-wuĕn-tām-sěl, tāk pš[u]öŕbi jöwuë vëndzěńi bidzi wuĕn: v nim kŭëscëlë stŏįi bölö wuĕssoba å-muy gódö tūk: »Tē-sŏ ńöbǫį ńic; jó-jöm [1]) tēn, cŏ-tě-mö vëkŭpsil; buĕ jó-bë muŷsīl cĕrpš[u]öc jās dŏ-sǫdë buëšciwuĕ; ā pŕës-cǫ jó-jöm zbātöni. A tërös, čë tě-tū sādńös, tě, nā-twuëįīm mólū, tām jö völdži kuësc; ā-tě tēwuë-sŏ ńöwŷpūšcą, lě, č[u]ö nö-cǫ cŏ-zlēwuë pūdze, tě tš tim kŭëscǫ bįi jās pǔzdzör-mdzě [1]) strikól«.

E-tāk nŏ fsĕtkuĕ sŏ stālŏ. Tāk wuën-tām wŷsöt v nǫ lāvǫ, dzē

---

[1]) enklitisch. [2]) bīc. [3]) = ë.

wuën sādzŭl pŕēt-tĭm nōc. Tām wuën dōstól rĭχtī-nĕn kuësc. Tāk, jāk-bĕlŏ cēmnŏ, tȧk-sq-vȧlq tlŏmūmĭ nī śȧtāni zóś. A lȧpa vŏčnó f kúëscēlē sq-dĕrχ pólëlă, cŏ-wúën-j̈ïχ mōk fśëtčëχ rózēznăc, cŏ-tŏ zājȧćė bëlë; ālē nimōk-j̈ïχ f tëχ tlōmăχ puërėχuëvăc ë-mëslĭl, ēś-j̈ūdŏχ bëlë s cālśwuë pś⁰ŏklă; buë tākq̇ cēmnŏsc zrŏbĭlë, jāk χmuẙrā zȧ-dèścq̇. Tāk wŭȧn-bë-mól jŏś-vĭkśi strȧχ jāk nq̇ pś⁰ŏrśq̇ nōc; ālēsŏ spūścŏl nŏ-nĕn-gnót. E-tȧk nĭ-čȧrcë-sŏ wẙprāvĭlë f kŏrtë a f kuëstči dŏ-grȧśó ā nĕn glūpĭ mëslĭl, ëś-wuën-mól¹) brōń lōpśq̇ jāk krōl.

E-tȧk jŏdnĭm rȧzq̇ nēmuẙ glūpĭmuẙ dŏmörzālŏ, ëś-wuëńĭ χcēlë s kúëscŏlă kārčmq̇ zrŏbĭc ë-tȧk wuën-sŏ mĭdzē-ńïχ zȧkrq̇cĭl ë tȧk wuën-j̈ïχ nĭm-gnótq̇ wúëpklŏdól, jāź-z ńïχ smuëla střikālŏ; ė-tȧk fśëtčëχ vëbĭl, cŏ wuëńi ślŏ zā-pūrūdq̇ s kúëscŏlă rūtĕr, tām dzē wuëńï přëślë. E řēklë, ëź-bë ńĭzdë tām nŏpřëślë. Tāk wuën-so, jȧg-mól¹) j̈ïχ vëstrāśōnĭ (vēnq̇kŭnĭ), sót nȧ-lāvq̇ ë mëslĭl, ëź-bĕlŏ jū fśëtkuë s kúëscŏlă vënq̇kŭnĭ: jȧś jŏdnĭm rȧzq̇ śpōkuẙjŏ ńŏco jŏś v zóχrĭstĭj̈ĭ. Tāk wuën-sŏ mëslĭl, cëź-bë tŏ-jŏś bëlŏ.

Tē jŏdnĭm rȧzq̇ dŏ-sŏ-muẙ vëzdřēc, tē kuẙlsó jŏdnŏ bēs-pśq̇të; ā tó-bĕl¹) tĕn lūcŭpĕr, ten nóstarśĭ s pś⁰ŏklă, tĕn ńĭmōk s tēmĭ jĭnśēmĭ skāzăc. Tāk-tĕn z nĭm gnótq̇-sŏ dŏ-ńŏwuë splāvĭl ë řĕk-muẙ: »A gdzëś të d̈ȧblŏ tŭ-sŏ jŏś krq̇cĭś?« E-tȧk-muẙ jŏdnq̇ wẙrvól, jāśwuën zārós lĕk. A tȧk rĭkól, mól-muẙ dārōvăc źēcĭ, ëź-bë-muẙ āńĭ ńĭkuëmuẙ v drōgq̇ ńŏpřëśēt; ë zārós rūtĕr vëlēcŭl.

Tāk-bĕl puërĕnk ë-nĕn śćēnslëvŏ vëśēt s kúëscŏlă žĭf (źėj̈q̇cī) ë cëśĭl-sŏ, ëś-mól-jū fśëtkuë zvëkuënŭnĭ, ëź-bë ńŏdārvól třēcė nōcė pāsōvăc; buë nĭ-čȧrcë-muẙ mŏlë přëřēklĭ, ëź-bë-muẙ ńĭzdë f tĕn kúëscōl ńŏpřëślë.

Tȧk-nĕn-krōl nŏ-sŏ dŏvŏdzŭl ë-dól-muẙ vólgq̇ zóplātq̇ š nótgrŏdq̇ zō-tŏ, co-wuën-tŏ vëbāvĭl. A-nĕn-bĕl¹) nā tĭm svŏcė puëžëvōnĭ ë-mŏk jŏś jĭnnĭm v bēdzē puëmuëc; buë sōm bēdq̇ mól probuëvōnĭ. — A zlēcĭl nēmuẙ swúëj̈ĭmuẙ wuëcė, mól dāc nŏ-guëspuėdȧřstwuë jŏwuë, kuëmuẙ wuën χcól; ëś wuën ńĭc wuëd-ńŏwuë ńŏbrëkuëvól, ëź-bë wuën jŏś jŏmuẙ vėpuëmōk z bēdė, cŏ-bë wuën-jŏś nā-stórĭ lātā nȧ-tĭm-svŏcė wẙžĭl jāź-dŏ swúëj̈ĭ smörcė.

---

¹) enklitisch.

2. Der Sieg treuer Liebe.

V jödnı̇̄ fsě-běl¹) bārzŏ buëgātı̇̄ grāf ā jŏwuë sqsŏt běl bārzŏ wÿbuëdżi šėfc. Tak wüët-tewuë grāfa-so wÿrödzëla cōrka ā wüët-tewuë šėfcă sin jödnı̇̄ güëdzěně. Tag-dlūguë rōslë, jāš χuëdzëlë dŭ-jödnı̇̄ škuëlë. Tāk tŏ dwuëį̃ŏ dzēcı̇̄ nı̇̄muëglë běs-sěbŏ nı̇̄jāk żěc, tāg-dlūguë jāš mŏlë vı̄nc sě-škuëlë. Tāk těn grāf-sŏ zmāgŭl (dómāgŭl), ěš tŏ dzěfcq nı̇̄muëglŏ běs-tēwuë knópa nı̇̄jāk żěc. Tāk wuën nō-tŏ běl¹) zlě wuëlı̇̄, ěš těn knóp běl¹) wÿbuëdżı̇̄wuë šėfca sin; ā tŏ dzěfcq bělŏ grāfuëva cŏrka. Tāk tŏ-bě dŏχ nŏšlŏ, ěš wüënı̇̄-bě mŏlë fěrcěrōvăc (»verkehren«).

Tāk to dzěfcq vzěnŏ swüëį̃muÿ wuěcě čŏlě pšᵘönqdzı̇̄ ā dālŏ temuÿ knópuÿ a-řeklo-muÿ tāk: »Dāį̃ tě pšᵘönqdzē swüëį̃muÿ wuěcě; nŏχ tōbŏ kūpšı̇̄ faįn wuëblěčěnı̇̄ dŏ-kuëmŏnı̇̄į̃ı«. — Tāk-těn-knóp tāg-zrōbı̇̄l. Tāk tŏ dwuëį̃ŏ dzēcı̇̄ šlŏ rāzq dŏ-kuëmŏnı̇̄į̃ı̇̄; ā lědzē-sŏ bārzŏ dzěwüëčālě, ěš-těn-wÿbüëdżı̇̄ šėfc mŏk těmuÿ knópuÿ kuÿpšı̇̄c tāčě faįn wuëblěčěnı̇̄ a nı̇̄χt nŏvödzŭl skqt ābuë zā-co. Tāk tŏ dwuëį̃ŏ dzēcı̇̄ sě-sŏbq krāį̃ämnŏ fěrcěrōvālě tāg-dlūguë, jāš těn wuěc dŏstŭl-to zŏs dŏ-vödzěnŏ. Tāk tŏ dzěfcq vzěno zŏs čŏlě pšᵘönqdzı̇̄ swüëį̃muÿ wuěcě ā dālŏ těmuÿ knópuÿ. Tag-muÿ řeklŏ tāk: »Dāį̃ tě pšᵘönqdzē swüëį̃muÿ wuěcě; nŏχ-so kūpšı̇̄ čŏle skōrë, có-mdzē¹) mŏk čŏle zārōbı̇̄c«.

Tāk tŏ dwuëį̃ŏ dzēcı̇̄ graįnčělë ťŏdno krāį̃ämnŏ dālı̇̄ tāg-dlūguë jāš ten knóp-běl¹) fcı̇̄gnŏnı̇̄ dŏ-wuěska. Tāk pšisālë dŏ-sě ťŏdnŏ lěstë, co-nı̇̄χt nŏvödzŭl. Tāk tŏ dzěfcq zā-štŏt vzěnŏ zŏs swüëį̃muÿ wüěcě čŏlgq muëc pšᵘönqdzı̇̄ ā puěslālŏ těmuÿ šěťöccı̇̄muÿ sěnŏčı̇̄ ě napšisālŏ-muÿ tāk: »Věs tě pšᵘönqdzē ā rōbı̇̄ tāk, cŏ přindzěš zāstāršı̇̄wuë«. — Tāk wuën tāg-zrōbı̇̄l. E¹)-běl-jū mājōrq.

A f tı̇̄m mŏscě běla jödna buëgātŏ pännna. Tāk těn majōra-sŏ bārzŏ tı̇̄ pännnŏ čidzŏl. E zrōbı̇̄la wuěna bāl. Tāk wuěnā lādŏvālŭ fšětčěχ stāršěχ, cŏ přı̇̄-jŏwuë kompānı̇̄į̃ı̇̄ bělë. A-tě, jūk wuënı̇̄ tūmjū bělë, tāk ta pännna nāpšisālŭ lěst ě dālă tewuë mājōrě bŏršŏčı̇̄ ě nāpšisālŭ tāk, ěs-lě-bě ten mājōra χcŏl¹)-běc wÿ-nı̇̄ zólěgq. Tāk-wuën nō-tŏ přestŭl.

Tāk, jūk ten majōra wẙ-tı̇̄-pánně štŏt-běl, tāk přeslŭla newuë grāfă cŏrka dŏ-nŏwuë lěst, co-wüën z ńq χuëdzı̇̄l rāzq dŏ-skuëlë.

---

¹) enklitisch.   ²) = ě.

Alē jȯwuë nō-ten-ćă̇s ṅȯbëlȯ dōma. Tȧk ta pănnă̇, co wuën wy̆-ṅi̇ bȅl zȯlēgq, dȯ̇stūlă̇ ten lëst; a jūk ćetūlă̇, ës ten lëst bȅl wüëd⌣brūtći̇, tūk nāpśisāla, ëṥ-z ṅi̇x dwüe̊iga ṅic-bë ṅȯbëlȯ; buë-ji̇ wuȯc ji̇ ṅȯxcȯl tēwuë dȯzwuëlëc, ës wüëna-bë mȧla vzic wy̆büëdźi̇wuë śëfca sëna ză̇-xlopa.

Tȧk-tam jūxȯl vēdlē-tëwuë grūfă̇ bărzȯ ȯȯldźi̇ pōn śpacĕrq a bȅl-jū sētmëdzësqt lūt stȯri̇; ȧ-ta-cȯrka tewuë grāfa stȯiāla napüëdwuëri̇m ë wy̆ȯidzūlă̇-so temuy̆ stȯri̇muy̆ pānë, cȯ tām vēdlē-tēwuë grūfa jūxŭl. Tȧk-sȯ-pitȯl tewuë grāfa, ëslē-bë wuën mōk jȯwuë cōrkq dōstūc ză̇-bălkq. Tāk tën grāf nō-tȯ přëstŭl, buë wuën bȅl lākuëmi̇ ti̇m pś"öṅqdzōm, cȯ ten pōn mȯl. Tāk ta cōrka psisāla jȯs̊rȯs dȯ-nëwuë majōrë lëst a mȧla jȯmuy̆ napśisu̇ni̇ tūk: »Jȯ-tȯbȯ mūlă̇ jȯdĕn lëst nāpśisu̇ni̇ (püëslŭni), a të-mȯ ṅȯdȯl nō-to żȯdniwuë wüëtpśisë!« — A wuën wuë-ṅićim ṅȯȯȯdzŭl; buë ta pănna mȧlă̇ ten lëst inaći přëpśisu̇ni̇. Tȧk-jȯwuë wüëbësla takȯ tēsknosc ë vzōn-so ūrlup dȯ-dȯm. A-jăk-tam přëjaxŭl, tūg⌣vēšët f kărćmq, të ta jȯwuë brūtka śla z nim stȯri̇m pānq dȯ-zdȯvāṅȯ. Tāk, jăk ta brūtka jȯwuë ćidzāla f ti̇ kărćmö f püëdwuëiăx, ës wuën tām stȯiŭl, tak wüëna zārȯs pādlă̇ trūpq. Tāk tēn-ji̇ wuë(i̇)c-jq dȯl zāṅȯsc v jīvelp¹). Tāk jăk fśëtscë bëlë rȯzësli̇ prëć, tȧk tën majōra šët v nën jīvëlp dȯ-ni-swüëii̇ stȯri̇ brūtći̇ a të-jq zāćŭn kuy̆śkăc a të-jq dȯ-së přëcësnŭn. Tak wuëna wüëtĕmkla wuëćë; tak wüën-jq vzōn püëd⌣rqkq a të-jq zăprȯvūdzil dȯ-ni-kărćmë, dzē wuën stȯiŭl f püëdwuëiăx, ć"ö wuëna śla z nim stȯri̇m pānq dȯ-zdȯvāṅȯ.

Tak-śët dȯ-nëwuë grāfa, dȯ-ji̇-wue̊ica a të-wuë prȯsil wuë-püëzwuëlëṅi, ëslē-bë wuën mōg⌣z ṅim gādüc. Tak wuën-muy̆ řēk: »Jȯ, ćēmuy̆s ṅėj?« A tën majōra-muy̆ řēk: »Buë vē-jȯscë ȯȯldźi̇ grūf a jȯ-jȯm wy̆büëdźiwuë śëfcă sin«. Tāk ten grāf-muy̆ řēk: »To ṅic nȯśkuëdzi̇; xtȯ-cȯ-xcē, ṅȯx sē-mnq gȯdȯ!« — Tāk tën majōra-muy̆ řēk: »Će²)-bë xtȯ tūćë-bȅl, cȯ-bë mōk vāśq cōrkq dȯ-žëcȯ dōstūc, ë-mōg-bë ten jq mȯc ză̇-bălkq?« — Tāk ten grāf řēk: »Jȯ, ćēmuy̆s ṅėj? Alē tȯ-sȯ dȯx ṅȯdȯ; xtȯ-jö rȯz⌣dȯt. tën vići ṅȯfstȯṅȯ!« — Tāk tën majōra řēk: »Xtȯ-ćē?« ë śët dȯ-ni-kărćmë, dzē wuën-jq mȯl wüëstāvȯni, ë vzōn-jq püëd⌣rqkq ë zăprȯvādzi̇l-jq dȯ-nëwuë-grāfa dȯdvi̇ři. A tën grūf jū tām stȯiŭl a vëzĕrŭl. Tāk, jăk tën mājōră =

---

¹) Gewölbe, Gruft.

²) ćë statt ću̇σ (txu̇ö) wohl in Analogie nach të.

ńą přëšēt, tāk tën grāf jömuÿ wÿpôt dö-nôk. A të-jömuÿ řēk: »Čë-jös-so ją, mǫ́j sënö, wuëdźëôil, të-so-ją vēs zå-bålką; buë to-cë môl döχ tāk bôk wuëböcůnï«.

II. Aus dem Kussfeld-Ceynowaer Dialect.

a. Kussfeld.

1.[1]) Fuchs und Wolf I (vgl. III. c. 5.).

Tó-sö stålö f të čåsë, cë zvëřōnta muëglë gūdåc. E[2]) tëš f të čåse bivālë ôëldźi mrózē, cö zvëřōnta wëd-glödë zdëχålë. Tāk-sö sëšēt rôs ôilk z lëšö. Tūk ôilk-sö lëšôi skūřil, ëź-bél muëcnö glödnë. Tāk lës puëvödö: »Jô ćēm, ẓdzē mā-sö nåjēma; půdzēma dö-Gnëźdźëva. Tām mā-sö nåjēma; tām jē ćesēli; tó-sö źëhi Dërcůf Míχôl së Skvërcövö Anušu«. Tak wëni přëšlë tām dö tëχ χëći; tëj tam bëla muzïka a ti lödzē tancövālë, ti vësëlnïcë. Tāk lës puëvödö dö-nëwë-ôilka: »Tërôs-sö vëkuëpχēma (vëgřëbēma) dzūrö puëd-zvëlö a-tām tū dzūrū vlëzēma f kuëmuërö«. — E-tåk wëni tëš zröbilë. Nôpřůt vlôs lës, tën-vlôz-dôbře, buë bēl mëši jak ôilk. Alë ôilkuëôi přëšlö conźi dö-vlēzēnä.

Tāk jåk wëni vlēzlë f kuëmuërö, tāk tām tak bëlö dö-jēdzēni, cö wëni nëvëdzēlë, cö wëni mëlë nôpřåt jēsc. Tāk wëni-sö nåjëdlë tëwo (š!) nôlēpkiwë, cö jim-sö nôlēpki ôidzålö. Tāk, jåk bëlë najå-dli, tåk-sö puëvödā́ją: »Tërôs-sö zróbima tëš muzïkö tū f ti kuë-muëře«. Tāk-sö wÿχvôcëlë ë záćnë tëš tāncóvāc å-sö spχëvåc, tåg-jås ti v jizbi-sö dôćëlë. Tāk ni z jizbë přindô dö ni kuëmuërë zāzdřëc, có-tö tam bëlö tūći gvôlt. Tāk wëni wētëmknu kuëmuërö: të ni dvąi tåncëjō. Tāk ni lödzē-sö vzónë kuëźdi v rowkö, jëden-sö vzōn sëćërö a drëdźi-sö vzōn ôidlë a třëcë-sö vzōn špödö a ćvůrti-sö vzōn mëlůk, ë-tāk-šlë v nö-kuëmuërö dö-nëχ-douχ. Tāg-jïχ tāk bilë, tāk jåk χtö nôbåři mōk. Tāk nen lës vëlëcôl nö dzūrö, ẓdzē wën dönůnt vlôs. A ôilk χcôl-tëš tō samō dzūrö vëlësc, ålë wën nimůk; buë wën bēl zå-barzö nåjådli. Tåk-ni-lëdzē tåk-wë bilë, cö-jëmuÿ jās z glôvë

---

[1]) Die drei ersten Erzählungen erhielt ich von einem 40jähr. Manne.
[2]) = ë.

mūsk vëlôżôlj. Tȧk-wën-dòχ vëlũs nū-véŕχ s tī kuémuērë. Tāk lës
sëdzŏl pŕŏdë nā-wëguënë (!) a gôdòl dŏ-nëwë ôïlka: »Jū, jā, brūcē,
jāk wënï m̀ë māĵō (mū-ĵō) puēbïlī!« Alē tëmuy lësŏôi nïc nëbëlŏ,
lë vïlk-bël puēbïlū. A tërôs lës ŕëk ôïlkuëôi: »Të-m̀ë muyśïś nèsc
dŏ-jāmë, a vē-m̀ë tām pŕënëśèś, të-m̀ë zjëś«. Në tak nèn puëtlëklï
ôïlk nëwē zdrôvëwē lèsa vzōn nā-puÿvël ê-wē nèsē. A tërôs nèn lës-
sŏ jës-spïëvô »χuëŕë zdrôvëwē nèsē, a zdzē-wō dŏnèsē, lūm-wē zjŏ«.
— Tāk, jāk-wē pŕënôs nō-ten-mŏl dŏ-tū-jāmë, tāk-wē puëlŏżïl. Tāk
nèn vïlk puēvôdô: »Tërôs jô-cē zjèm«. A nèn lës-sŏ vēmk v nŏ jū-
mŏ, āle ôïlk-wē jëś wÿχvôcïl zā-nŏgŏ. A nèn lës puēvôdô: »Olälë,
ôlū, brūcē; të mëśtś, ëś tô-jē muèĩa nóga, à-tŏ ǹeĩē, lë-jē wët χôịvi
kuëŕèn«. Tāk nèn ôïlk puÿscïl-nŏ. A lës vlôz-jëż-dālī v jāmŏ ā
tāk-wē vïlk nëdŏstôl dŏ-jēdzēni ë-śët-sŏ klŏpuécuncē tāg-dālēk, jūś-
wën zdëχ.

2. Geistererscheinung vor einer Epidemie.

Tŏ-bëlŏ rôs f të vāsē, tŏ-jë jū dvādzēsca lāt, jāk tô-sŏ stālŏ.
Tāk-tū lēdzē rŏspuēvôdalë, ëś-tū pŕë nāśi fsï ôidzëlë nijāviwē dūχa.
Tāk jô jïdŏ rôs dŏ-wëgrŏdu, buÿlvë zaŕëvŭc. E-tāk, jāk pŕïndŏ nō-
ten-mŏl, dzē-tŏ tī lēdzē ôidzëlē tēwē dūχa, tāg-jô vzërāịŏ nō-ten-mŏl.
Tèj vïdŏ: χuēdzï dūχ, tāk mïdzë χuèịlnāmï-sŏ pŕēvrôcāịuncē z buē-
kuÿ nā-buēk, wèsŏba vëlgô, tāk vŏ tī wèsŏbë glôva bëla vëśī χuèịln.
Tāk m̀ë tāvi dālŏ strūχ, vŏ, vē-bë nëbëlë tāg-blëzē lēdzē, tāg-bë-sŏ
pïtālŏ, ëślë jô-bë v żèvim wëstòl abuē nē. Tāg-zôs nēdlūguē puē-tïm,
tāk śtërnôscē dnūf, të pŕëśla tākŏ χuērŏsc ā ta χuērŏsc-sŏ zvāla
»guéscèịē«. Tèj v nāśi fsï zāmārlŏ tāg-dŏ-śtërdzēscē śtëk lēdzï.

3. Ein Nachtgespenst.

Tŏ-bëlŏ tēwē rôkuÿ wïsmënôscē sēt sētmëdzēsũntēwē ë śôstēwē,
vē jô slūżïl pŕë-marēnūχ f Vïlū (Kiel) wē-bôrtē na-Jéfjônē. Tèj jèdnī
nôcë, vē jô stôịôl puēvtŏ wëd-jēdnôstï dŏ-pχërśï, të m̀ë lëżëlë pŕë-
strŏnē pŕë-bulvārkuÿ. Tŏ-tŏ-tāk pādālŏ dëśv a śtôrèm- bël vëldżï.
A s krāịē nō-ten wëkront bëlē puëlŏżóni dëlē, vŏ-mòk kuëżdï s tēwē
wëkronta nā-krôĭ pŕinc a s krāịū na-wëkront. Tāk jāk bëlŏ jū
guēdzna vnët pχërśŏ, të lēdzē fsëtcë jū spālë ë tï, vŏ m̀ëlë ōrlŭp, tï
bëlë jü tèś na-wëkronvē. Tām jū nïχt nēfëlôl.
Tāk jô χuēdzŏ puē-dēkuÿ; tāk jèdnīm rūzŏ bēgô nïχtŏ s krāịū

na-wĕkront ë-tāg‿bë bĕl vnet vlēcālĭ na-wĕkront, ālē bĕla ta pórta zāmklô. Tāk jô vēzdŕȣ, tē puĕl nĭ pórtë stŏ̧ĭ χlóp v guēlĭ glóċē. Tāk-jô-sȣ tak wŷŕūs, tāk jô bĕgū̧ĭȣ zārôs dô-fsłótkuŷ, gdzē vāχa bĕla. Tāk jô zāwēlā̧ĭȣ zārôs: »Vaχe raus!« — Tāk vāχa přĕsla nā-dĕk zārôs. Tāk undrofχicĕr kuēmdĕrḝĭē zārôs: »Aχtuŋk, prēzentīrt das gĕvĕr!« — Tāk fsĕtcē stŏ̧ĭō a prēzĕntīrḝĭō; buē undrofχicĕr mĕslīl, ēs-tȣ-bĕl ten wēfχĭcĕr, co-mȏl ten žūr, a ńĭkuēwē nē-ċĭdzôl. Tāk mē-sȣ pĭtôl: »Aċ-tȣ bĕlȣ lôs?«, cȣ jô-j̇̆ĭχ vēwēlôl nā-dĕk. Tāk jô-muŷ zāċūn rȣspuēvādāc, cȣ-tūm jô ċĭdzȏl. A wĕn-mē tēwē ńĕvĕŕĭl. Tāk wĕn-mē ŕek, ĕz-bē mē mēldóvôl, ĕz‿zȏ-tȣ jô-bē bĕl strȏfuēvônī. A tē na-wēstātkuŷ mē nāwēlȏl ċēlē »glūpĕχ kasĕbuf«, ë̆ slë nāzôt spūc.

4.[1]) Die böse Stiefmutter.

Bĕl-tö jĕdĕn prĭnc. Tāk wĕn-so χuēvȏl sē swȩ̄ĭō mātkō. Tāk jĕdniwē dńā wĕn puēċódȏ dö swȩ̄ĭĭ mātċē: »Mātkuē, tö-mē ńĭc ńepuēmóžē; jö muŷsô kóndē f svāt jāχāc, sōbē brūtkō vēsëkāc«. Tāg-mātka puēċódȏ jēmuŷ: »Jāk tĕ, sēńē, χċēs, tūk tĕ zrōbī«. — Tāk mo̧ĭ prĭnc vzȏn-sōbē kueńa vĭtrö ë sót ë jāχȏl dö pĕŕsĭwē krōlēstva. A jāk-wĕn přējāχȏl, tāk wĕn-sö pĭtôl, dzĕs krōl mĕskȏl. Tāk lēdzē-muŷ puēċódū̧ĭū, ĕs-tūm krōla ńĕbĕlȏ, ālē krōlēvnȏ-sȣ χuēvāla sē-sĕtmē córkūmē. Tāk mo̧ĭ prĭnc-sö prōsĭl dö-jĭzbë. Tāk na krōlēvnȏ-wē milō [2]) přējōna; dö-jedzēńȏ, dö-pχĭcȏ dōstȏl dōsc, jūk krōl wŷ-krōlēvnē.

Tāk, jāg-bĕl nājādlĭ, nāpχĭtĭ, tāk krōlēvnô wē-sö pĭtȏ, cĕs wĕn tūm sprāwēcȏl. A wĕn puēċódȏ: »Zā-brūtkō; jô-jēm jĕs prĭnc«. — Tāk-tā-stȏŕȣ puēċódȏ: »Mā-sö móžema wēzēńĭc, mā dwȩ̄ĭē«. Tāk wĕn puēċódȏ: »Nḝĭ, jö sōbē lēpχĭ žēċô wĕt-tĕχ vūsëχ córk; buē vējēscē [3]) stȏŕȏ ā jô-jēm[3]) młódĕ«. — Tāk wĕna, na-krōlēvnô, puēċódȏ dö-nëχ-swȩ̄ĭēχ sĕsc córk, mĕlë-sö jĭc χuŷtkuē vĕstrō̧ĭĭc, ā-nĭ-sódmi ńĭc ńĕŕekla, buē tö-bĕla pasĕŕbĭca ā-bĕla tēs sprātēdlēvȏ; ā-tā-stȏrö krōlēvnô ë s córkūmē tö-bĕlē ċarȏvńĭcē. Tāk nö-sĕsc córk wĕna zāwēlāla, tāk wĕńĭ přĕsłë. Tāk ten prĭnc nô-ńĭ vzērô, ālē muŷ-so žūdna ńĕċĭdzĭ. Tāk-sȣ pĭtȏ zā-tö-sēdmō, gdzĕs ta bĕla, ēs-bē-döχŕȏt-jō ċĭdzôl. Tāk-ta-stȏŕȏ puēċódȏ, ĕs-tö-bĕla tākȏ ńēlūsȏ, kŭdrĭχ.

---

[1]) Die folgenden vier Erzählungen stammen von einem 85jähr. Greise.
[2]) ohne Erweichung.   [3]) enklitisch.

wēbdzārtŏ, ńēwÿmëtŏ, ńērŏścŏsŏnŏ, ĕś-jĭ-bēłŏ srŏmuēta prĕ̀t-tāk-fáįn prīnca dāc jŏ ūlăc. Alē prīnc puēćŏ́dŏ̀: »To ńĭc ńèśkuēdzĭ; jŏ-jō-χcŏ́ rŏd‿cĭdzēc; ćē m̋ē-sŏ bundzē ŏ̀ıdzūla, tḗj dŏbr̋ē, ā ćḗj ńḗj, tḗj ńḗj; tĕ vë-mŏ́ce śēsc jı̆ńśëχ cōrk, tĕ-sŏ muēgŏ vëʰrāc sḗ-śēsc jēdnŏ́«. — Tȧ̀k-ta-krŏlĕ̀rnŏ̀ dālu zāwēlüc tŏ pasér̋ʰbĭcŏ. Tāk, jāk wëna vëśla v jı̆́zbŏ, tāk nèn prīnc sír̋üs rörşkümē a puēćŏ́dŏ̀: »Tŏ-mdzē muēią̊ b̋ūlka«. Tāk zrŏb̋il nèn prīnc zūrŏ́s wḕglondë ë-śét dŏ́-ksondza ë-dŏ̀l zārŏ́s zāpuēb̋ādŭc. E jāχŏ̀l dŏ́-dŭm ë dŏ̀l zārŏ́s f tĭm m̋ēscē zāpuē-ćādŭc, dzē wèn krŏlŏ́vŏl. A-jȧ́k-bëlë zŏpuēt́èscē vëśli, tāk wèn vzŏn swēı̆̇wē wèska ë jāχŏ̀l tām, dzē brūtka bëla ë dŏ̀l-sŏ zdāc ë puē-vësēlĭm jāχŏ̀l dŏ-swē̋ı̆̇wē krŏlēstva; buē-tām ćēlē-cŏ wēd‿b̋ēsēlŏ́ nḗ-dālŏ̀. Buē tŏ nḗbëla cōrka, lē paser̋ʰbĭca. Tāk nèn krŏl vzŏn swēı̆̇ŭ b̋ūlkŏ ë jāχŏ̀l dŏ́-dŭm ë-żil pχoröknŏ v mĭlŏscı̄ ¹) vē-zguēdzē.

Tāk drëdźı̆wē rŏkuÿ nākŏ́zŏ̀l-muÿ wēnŏ pr̋ezgrāńćnı̆ krŏl, cŏ-b̋él drëdźé sōnsŏ́t ŭ jëwē stārćı̄. Tāk krŏl vzŏn swē̋ı̆χ źŏli̯ér̋ı ë jāχŏ̀l ná-wēnŏ. E-tȧ̀k wÿ-jëwē b̋ūlćı̄ wÿrŏdzḗl-sŏ sĭn. Tȧ̀k-nēwē-krŏla-mătka pχisāla lēst dŏ-swē̋ı̆̇wē sēna ëś jëwē źŏna puērŏdzēla sēna. Tāk slēga sŏ́t na̋-kuēna ë-jāχŏ̀l dŏ́-krŏla, dzè-tèn-krŏ̀l-bēl na̋-tĭ-wéńē. E-tȧ́k-wē zȧ̀stāla nŏc f tı̆m m̋ēscē, gdzē krŏlŏ̀va stārka m̋ēśkūla. Tāk zdzéś slēga m̋ŏ̀l jı̆́c, jāk dŏ-krŏ̀lŏ̀vē stārćı̄? Tȧ̀k-nā-stŏ́rŏ́ krŏlēvnŏ̀ pĭtūla̋-sŏ slēdjı̆̀, zdześ wèn jāχŏl. Tāk wèn puēćŏ́dŏ̀: »Dŏ́-krŏla z lēstŏ«. Tāk krŏlēʰvnŏ̀-muÿ dŏ̀ nōsēc t̋inŏ̀, dŏ̀-jēdzēńŏ̀, dŏ̀-pχicŏ́, a slēga sprŏ́cŏvŏnē b̋él s tŭ drŏdźı́ t̋ér̋χŏ jāχüc na-kuēńŭ. Tāk lēg‿v lŏ́śkuē ë ctārdŏ wÿsnün. A bāba, stŏ́rŏ́ krŏlēvnŏ̀, bëla ćēkūvŏ́, co v lēscē bëlŏ̀ nāpχisŏ̀ń. Tāk vzŏna lēst ë prēćētala ë nāpχisāla, co jëwē b̋ālka puērŏdzēla psā.

Tāk slēga jāχŏ̀l dŏ́-krŏla z lēstŏ ë wēddŏ́l krŏlŏ́ćı̄ lēst ā-krŏl prēćētŏ̀l ë-sŏ́t ë nāpχisŏ̀l lēst dŏ-mātćı̄, cŏ-bōg‿dŏ̀l na̋-svát, tŏ-m̋ālŏ̀ b̋ēc pχorŏknŏ̀ dŏzdr̋ŏni. Tāk jēwē sūmı̄ b̋ālćē m̋ālŏ̀ b̋ēc dŏbr̋ē rŏb̋ŏnı̄. Tāk slēga jāχŏ̀l nāzŏt ë trūfśı̄la̋-wē zŏ́s nŏc. Tāk slēga b̋él zŏ́s sprŏ́cŏvŏnı̄ t̋ér̋χŏ jāχüc ë pr̋ēśét dŏ̀-krŏlēvnı̄ ë dŏbr̋ē-so nājŏ̀t, jéś lépχı̄ t̋ina-sŏ nāpχil ë śed‿v lŏśkuē, sŏ-cvȧ́rdŏ̀ wÿsnün. A bāba zŏ́s, jāk pχér̋śē rŏ́s zrŏb̋ila, tak drëdźı́-rŏ́s zrŏb̋ila; vzŏna lēst slēdzē s tūśē ë prēćētala ë napχisāla, ëś ten sĭn, cŏ jēwē b̋ālku puērŏdzēla, m̋ŏ̀l b̋ēc zāb̋itē ë v uēgrŏt pr̋ed‿wēkna zākuēpŏ̀nē; a wëna m̋āla b̋ēc v lās zāprŏvādzōnŏ̀ ë zāb̋itŏ̀.

---

¹) ohne Erweichung des m!

2*

Tăk-tĕj̇, cö-krŏl rŏskuēzŏl, tö-muẏ̈sëlo bäc zröböně. Krŏlëcnô v lās zăprŏvădzëlë, ẑĕci-jï dărŏvālë, buē jim muẏ̈sëla pr̆ĕr̆ēc, ëẑ-bë krŏlŏtï nigdë-sŏ nă-wĕcĕ nepuĕkuēzăla. Tăk tĕ ti slëdzë krŏlĕfsci jăχālë dö-dŭm ā-jŏ v lësē wĕstăčïlë. Tăk čĕś wẏ̈bur̆gŏ bālka māla zrŏbic? Dö-pălăcë nimuēgla jic, buē nĕvĕdzāla, čĕ-bë krŏl mŏk dô-dŭm princ, tăġ-bĕ-mŏġ-jŏ dăc zăbic ë tĕχ dvüχ slëgŭf. Tăk ślā plăćūncē dö-jédnïwĕ măsta. Tăm-sŏ wẏ̈r̆idzëla zā-rŏbuēcō dzĕfkŏ.

Tăk-krŏl pr̆ĕjăχŏl z wĕnë ë pïtŏl-sŏ: »ʼdzĕś muē̦a bālka jē ā sïn?« — Tăk-tĕwē krŏla mătka puētŏdŏ: »Sĕnē, cĕś-tĕ-sŏ pïtŏś?« Tĕ-dŏχ bārzŏ dōbr̆ē čĕś, jăk tĕ rŏskŏzŏl!« — »Nā-jăk, mătkuē?« — »Jŏ-tōbe māla-dŏχ pχisŏnï, ĕś twē̦a bālku puĕrŏdzëla pχonkniwē sĕna, ă-tĕ-rŏskŏzŏl, sĕna zābic ö swē̦ŏ bālkŏ; tăk, jăk-tĕ rŏskŏzŏl, tăġ-bĕlŏ zröbönē; sĕna nigdë newẏ̈zdr̆iś ānï swē̦ï żōnë!«

Tăk tŏ vărălŏ pôrŏ lăt; nĕn-krŏl-bĕl gdŏvcŏ. Tăk čĕś dö-rŏbuētē? Krŏl jăχŏl zŏs dö-ni-swē̦ï stārcï ë weẑĕnïl-sŏ z jĕdnō zŏs cōrkō wĕd-nĕχ-śĕsc. Tăk, jăk z nō bĕl ẑĕnālē, tăk vĕrŏsla jăblōn, gdzē nĕn sin bĕl zăkuēpŏnï. Tăk tā jăblōn rŏdzëla zlŏtĕ jăpka. Tăk tĕn krŏl bārzŏ-sŏ cĕsïl s tĕχ jăpk ă-tā-jĕwē-bālka r̆ĕdzāla, bārzŏ dŏ-br̆ē, ĕś tĕn sin bĕl tăm zăkuēpŏnē. Tăk-sŏ zröbila χuĕrŏ a prŏsëlu krŏla, cŏ-bë ta jăblōn bĕla wẏ̈cōntŭ ă-wĕt-ti-jăblōnï dĕlē r̆nōntē ā-wĕt-tĕχ-dĕlŭf lŏskuē bĕlŏ röbönē.

Tăk-tĕj̇ krŏl χcŏl ë ńeχcöl; buē bĕlŏ krŏlocï żŏl tăk pχonkné jăblōnï dăc wẏ̈cic. Alĕ muẏ̈śil krŏlëvnē dö-wĕli zrŏbic. Tăk-dŏl-wẏ̈cic nö-jăblōn. A jŭk tăm jĕdĕn χlŏp rumbïl nö-jăblōn, tŭk-tăm χuēdzëlë wĕfcē puē-krŏlĕfscim puĕdwēr̆im.

Tăk jĕdna wĕfca zgrëzla jĕdĕn zdrumpk.

Tăk-nă-pχĕrśŏ krŏlëvnō čĕla, ĕś-krŏl bĕl dōma ë z drëgŏ jï pōl-sōstrō ẑĕnālē. Tăk ślā dö-krŏlĕfscïwē pălăcē ë prösëla, cŏ-bë muēgla wẏ̈-krŏla slŭẑbŏ dōstac, čē-bë nĕj zā-jïnśō slŭẑkŭ, tĕj χuĕc zā-pă-lĕpχĕckuĕvō. Tăk wẏ̈slëguĕvāla cō jï bĕlo rŏskŏzōnē.

A krŏl dŏl zrŏbic wĕd-ni-jăblōnē lŏskuē; ā nŏ lŏskuē cö-nŏc gŏdālŏ: »Pŭna wĕca dōbr̆ē spăc a măcēχŏ nă-sĕ cōnskuē tr̆ĕmăc«. Tăk na krŏlëcnŏ markuĕvāla, ĕś-tō nĕbĕlŏ dōbr̆ē, buē r̆ĕdzāla, ĕś nĕn sin bĕl tăm zăkuēpŏnē. Tăk nō lŏskuē kuĕnĕcnō môl-dăc nĕn-krŏl rŏzvālĕc ë spălĕc ā jïnśi kuj̇psïc. Tăk nĕn krŏl zrŏbïl, čĕj̇-χcŏl mĕc zguĕdŏ z bŭlkō. Tăk zā-χtĕrĕn cŭs băġnïlĕ-sŏ wĕfcē. Tăk na-wĕfca, cö nĕn-zdrumpk zjădla, tăk dōstăla jăġnō sē-zlŏtŏ lĕsënō. Tăk nĕn-krŏl bārzŏ-sŏ cĕsïl, ĕś jĕś nigdë nĕslëχŏl, ĕẑ-bë tχĕdë nă-svĕcē kōndē mala wėfca jāgṅö sē-zlötö lësënō. Tāk na-krōlëvnö zǒs-sö rösχuḗtāla ë χcāla kuěṅéŕnö mëc tö jāgṅö wÿpχēklē. Tē tåk-jĭ-sö vidzālö, ëž-bë bëla zdrōvö, tχē-bë wëd‿nëwē mönsa dóstāla do jēdzěṅö. Tāk krōl χcöl ë ṅēχcöl; čėj χcöl, ěš-māla-bēc krōlëvnö zdrövö, tē-muÿbil dāc to jāgṅö wÿŕnunc. Tāk-sö trāfχilö nö-nö pālëpχěckuëvō, nëχ vnontŕnōsci čēstö dǒröbēṅö. Tāk-tām bēgāla mölö ŕěčka pŕēs-krōlēfści puēdvöŕk. Tāk na pālěpχěckuēvö vzōna nö-jāgṅö nå-ṅēccé ë-šlå dö ni ŕěčci nö mönsö čěstöröbic. A jāg‿clöžěla v nö wēdö, tāk ström nö fšëtkuē jĭ wēd‿rorokǚ. Tāk wěna-sö sěŕāsla. Tāk puëčödö »Ad majorem dei gloria (sic!)« ë χcē fskuěknunc v nö ŕēkö, χcē-sö wÿtöpχic sě-strāχuÿ, ëž-bë bëla kǒŕönö zö-to, cö-bë tö mönso wěna zguÿbila. Tāk f tim mömënce, jūk-wěna χcālå-sö wÿtöpbic, tåk-jĭ-sin fskuēk nå-lōnö ë puēvödö: »Mātkuě, ṅětöpχí-sö! Jö-jěm tvöį sin«. A tēn sin-möl tāg‿zlötö lěsěnö, jāk nö-jāgṅö malö. Tāk tū pālěpχickuēvö vzōna sěna nå-lōnö ë-šlå dö-krōla ë puēvödö krōlövī: »Tū, mōį mili krōlě, jö-töbē pŕěnōsla twëįiwē sěna; ā-jö-jěm twëja pχěŕsö bālka, cö-těmöl tāk pχisönē, ěš tē-mě ṅěχcöl öici vidzēc. A swěįiwē sěna jěs kōzōl zābic. A tēros tū nāįi möš wěbučįē diceįě, sěna ë žönö. Tāk krōl-sö tāk wÿčěšil, cö-ṅěvēdzöl wēt-frēdë cö-möl röbic. Tāk naṅēdzēlö zāprösil fšětčëχ swěįiχ ministrāf, jönrölǎf č-nö-swěįö stārkö č-nö-pšinc svājēŕk nā-ṅēdzēlö nö-tö-bālö. Alě nå-jěwē-drēgö bālka ṅic wě-tim ṅěčědzāla, ěš ta pχěŕsö jěwē bālka bëla f krōlēfscim pālūcǚ.

Tāk, jāg‿v nölëpšē wÿcēšē bělě, v nölēpšī rözmuēčē, tāk nënkrōl-sö zāpitöl fšětčïχ sēbrönëχ guěsci, čež-bë tātχimuÿ člövěkuÿ mālö bēc zröbönē, cö-bë-tāk a-tāk zröbil. Tāk nå-jěwē-stårka puēčödö: »Tāčimuÿ člövěkuÿ ṅěįē čici ṅic zröbic, jāk nå-puēlě zåvěsc a-pöl zakuēpāc v zěmö ā-těj žēlöznēmē brönāmē röstārgāc«.

Tāk něn-krōl puēčödö: »Tobē, babuē, tö sāmuě, cö tē žěčiš kuēmuÿ įinbēmuÿ, tö töbē sāmě böndzē zröbönē ë twěįim fšětkuē šěsc cörkǚm!«.

Tāk-tē wěṅi, ti zāprösönē guěscövē nö-tö-fšětkuē sězwělělě å-těkrōl ālōl žönö ë sěna z drēdjĭ jizbě, co fšětcē vidzēlě. A tē vzōně bābö ë z jĭ cörkāmē vŕūcělě žölṅěŕē nå-ǒs ë zåčözlě zå-mǎstö nå-puēlě ë-tām zākuēpālē fšětkuē sětmě dö-pöl člövěka v zěmö, ē těį žēlöznēmi brönāmē jĭχ röššārpālě ë nāzöt dö-krōlēfscivē pālǎcē fšětcē jāχālě.

Te-tăm-sŏ-lĕ ĉeselĭ zăčŏnŏ a muĭjzĭka tăkŏ́, cŏ-jĕś, jăk tŏ măstŏ bĕlŏ stŏ́rĭ, tak takŏ́ frĕda nĕbĕla jăk f ten dzĕn; buē krŏlŏ́cŏ nĭ̆bĕ puē-smĕrcĭ-sŏ nălăzla. A χtŏ-bĕ tēmuy̆ pχĭsmĕ́ńŏĉĭ nĕ́ĉĕ́rĭl, ten ńeχ-mĕ́-sŏ zăpĭtŏ̆; buē jŏ́ muēgŏ tŏ sēsĉătĉēc. Buē ĉē-bĕ jŏ́-tām nĕbĕl nū tĭ bālē, tĕ-bĕ jŏ́ nĭmŭk nĭc wĕ-tĭm gŭdăc. Ale jŏ́-tām-bĕl, jŏ́t ĕ pχĭl ĕ tēwĕ sēna krŏléfsĉĭwĕ ŏĭdzŏ̆l ĕ krŏlēvnŏ.

5. Der schlaue Bauer.

Bĕla-to jĕdna ĉĕs a f tĭ fsĕ bĕlĕ tātχĭ mŏlĭ zbū́rĕ. A jĕdĕ́n zbū́r-sŏ zvŏ́l Kχĭwŏ́ȳt. Tāk tĕn Kχĭwŏ́ȳt wĕrŏ́l swĕjŏ rolŏ́. Tăk prĕ̆lĉ̄-cēlĕ dŏē kχĭwŏ́ȳtĉē a nad_nĭm krŏncēlĕ̆-sŏ a spχĕvū̄lĕ jĕmuy̆ nād-glovŏ́: »Kχĭ-wŏ́ȳt, kχĭ-wŏ́ȳt, kχĭ-wŏ́ȳt!« Tak jĕmuy̆ dŏ́mĕ́rzālo, ĕ́š wĕ́nĭ-wĕ runğālĕ. Tak wĕn-so rŏ́zguĕ́rĭl ĕ puȳscĭl kuĕzĕ̆lĕĉŏ za-nĕmĭ kχĭwŏ́ȳt-kāmĕ do-gōrĕ, χĉŏ́l zūbĭc wĕ̄d_zĭōscĕ. Alĕ žŏdnĕ́ nĕ́trăfχĭl; ā na-kuēzĕlēca spādla v dŏl ĕ zăbĭ̆ĭlu jĕdnĕwĕ wĕla; buē spādla prāĉĕ mĭdzē-rŏdjĕ. Tăk muy̆ Kχĭwŏ́ȳt vĕvlĕk jăk-mŏk wĕla nă̆-ŏs ĕ jāχŏ́l dŏ̆-dŭm ĕ wĕblūpχĭl wĕla ĕ ĉĭtro jāχŏ́l dŏ-măsta z nĭm mŏ́nsŏ̆ ĕ sē-skŏ́rŏ ĕ prĕdŏ̆l bārzo dŏbrē skŏrŏ́ ĕ mŏnsŏ́. Tāk jāχŏ́l dŏ-dŭm.

Tak wĕ́-so pĭtālĕ jĕwĕ sŭnsĕdzĕ: »Dzĕ̌š-tĕ-bĕl, sŭnsŏ́tkuy̆?« — »Jŏ̆-bĕl v mĕscĕ«. — »Zā-ĉĭm?« — » Z mŏnsŏ; tăk a tăk mĕ-so fĉĕ́rŏ stŭlo«. — »Nĕ̆, ĕ-prĕdŏ̆l-jēs dŏbŕŏ?«« — »Dŏbrē, bārzo dŏbrē; jĕm spuĕkŏĭnĭ; jăk-jĕm stŏ́rĭ, tak mŏnso nĕbĕlo drŏdžĕ jak fĉĕrŏ́. Tĕrŏ̆s-bĕ bĕl vāma ĉŭs ślaχtŏvăc a z mŏnso ĉĭm tχū̆ (rĕ̈χlĭ́) dŏ-măsta; buē mŏžĕ puĉtēmuy̆ lĕc tqĭnsĭ«.

Tak muēṛĭ zbū́rĕ, jăk-so rozvĕdzĕlĕ, ĕ́š mŏnso bĕlo tak drŏdjĕ, tak fśĕtĉĕ zbū́rĕ f cālĕ fsĕ zăbĭ̆jālĕ wĕlĕ, krŏvĕ, χto co mŏl. A ĉĭtro jāχŭlĕ fśĕtĉĕ dŏ-măsta z nĭm mŏnso. Tăk bĕlo mĕ́sĉānŭm dzĭvno; tak mĭdzē-sobŏ́ gŏdāṛŏ: »Ĉĕ́š to znăĉĭ? Tag_ĉĕle dzĭs mŏnsa sē-fsĭ prĕ̄šlo dŏ-nắs!« Tăk prĕ̄šlo do-rĕ́znĭkŭf zapĭtănĭ, ĉĕ́š-to znăĉĕlo: dzĭs tag_ĉĕle mŏnsa sē-fsĭ prĕ̄šlo! A rĕ́znĭcĕ puĉŏ́dāṛŏ: »Tām jĕ χuĕrosc na-dobĕ́tk tām fśŏndzĕ a wĕsŏblĕ̄ĉē f tĭ fsĕ N.«. — Tak zārŏ̆s za-kuē̆mĕsĕrūmĭ, za-ŝondārūmĭ; tag_zārŏ̆s puĕt_polĭcĕĭŏvŏ bŭĉnŏscŏ z mă̆sta mŏnso bĕlo zūkuĕpŏ́nĭ. A zbū́rĕ bĕlĕ nă-štrŏ̆fŏ napχĭsŏ́nĭ ĕ jaχŭlĕ z mă̆sta plaĉŭncĕ, buē strŭcĕlĕ wĕlĕ ĕ krŏvĕ ĕ-jĕš nă-štrŏ́fŏ napχĭsŏ́nĭ. Tak sŏbĕ puĉŏ́dūlĕ: »Tēwĕ strĕ̈χa mĕ-muy̆śĭmĕ zăbĭc«.

— Tāk, jăk wĕńĭ prĕz-vĕs vedlĕ Kχĭwȳta jāχālĕ, tag_dŏ-ńewĕ wĕlāṛŏ: »Dŏždŏĭ-lē, tĕ strĕ̈χuy̆! Mĕ ĉĕbĕ v nŏĉē zabĭjemĕ́!«

Tāk, jāg̓ bȇl vȇčŭr, tāk wȇn puȇćodŏ do swȇįi mātči: »Ńenkuȇ, vȇ pŭdzȇcȇ ti nōcȇ dŏ-scānȇ spāc a jŏ dŏ-dȇsči«; — buȇ wȇn ńebȇl jȇs ženŭli ten Kχiwy̆t; tak wȇn sȇ-swȇįŏ mātkŏ spŏvŏl. Tak jak pȓȇsla nōc, tag-mátka-sla¹) dŏ-scānȇ a Čiwy̆t dŏ-dȇsči. Tag-v nōcȇ ni z̧būre vzōnȇ każdȇ swȇįŏ sȇcįerŏ²) ȇ blȇ prōsto v jizbŏ dŏ-Čiwy̆ta, prōsto dŏ-lōska ȇ tāk začōnȇ prāc puȇ-mātscȇ sȇcįerāmȇ²). Tak wȇńi mātkŏ zábi̓lȇ; buȇ mȇslȇlȇ, ȇs to Čiwy̆t leżŏl puȇl-scānȇ; āle tŏ-bȇla¹) mātka. A Čiwy̆t wȇstŏl żȇvȇ pȓȇ-dȇscȇ leżuncȇ.

Tag-drȇdżiwȇ dńā Čiwy̆t vȇstrōįil mātko ȇ fsādzil nā-ōs a dŏl-ji mŏndel jŏ̧j f kuȇsik ȇ jāχŏl z ńū dŏ-māsta dŏ-nȇwȇ sámȇwȇ, dzȇ-wȇn- no mŏnso pȓȇdŏl. Tāk tām lȇcāla ȓȇka pȓȇs to másto a nat tŏ ȓȇkŏ bȇl muȇst a pȓȇči bȇl krŏm sȇ-snāpsŏ ȇ s pχivŏ. Tak Čiwy̆t zájāχŏl nō-nen muȇst, tāk co pŏl-kōl bȇlo ńimuȇ muȇstä. A-nȇn, Čiwy̆t, sȇt f krŏm, pχil-sōbȇ snāps; a-na-ńim pȓȇstumpḣi jedȇn pūn dŏ-wȇza ȇ pȓȇpȓȇ-so nō-nen-ōs ȇ pltŏ-so : »Muy̆ter, cȇs plācī mondel jŏ̧j?« Buȇ wȇn čidzŏl, ȇs bālka mala jāįa f kuȇsū. Tag v ńim ōs ȇ z bābŏ ȇ z nīm welŏ plümps v ȓȇkŏ. A Čiwy̆t s krōmuy̆ vȇskuȇkńȇ a muȇįiwȇ pāna zá-pχersȇ lāpńȇ. »Terōs jŏ-cȇbȇ wȇskāȓŏ; tȇ-mȇ wy̆tŏpχil muȇįŏ mātkŏ ȇ ōs ȇ wȇla! E-χcŏl-tȇ mȇ zaplācȇc puȇ-dōbrōscȇ cȇ ńȇ?« — Tak pōn puȇćodŏ: »Jō, jō, lȇ bōndzȇ cȇχuȇ, co-tȇ-mdzȇs żōndŏl, to-jŏ tōbȇ zāplācō«. — »Nȇ čȇj tāk, tȩ̑j jŏ-bōndo cȇχuȇ«. Tak pōn puȇćodŏ: »V'ȇles-tȇ χcȇs mȇc? Zārōs jŏ-tōbȇ zāplāco, le ńic negādŏ̧j, cō-tŏ-sŏ ńerōztȇ! Cȇs tȇ wȇd-mȇ żundōs zō-ten-spōs? Jŏ ńebȇl f tim čińen, ālȇ čȇj tāk-so stālo, tȇ jŏ-muy̆so tōbe zaplācȇc. Terōs ȓȇčȇ, co te χcȇs mȇc?« — Tak Čiwy̆t puȇćodŏ: »Stȇrȇ-stá tā- lārūf«. — A pōn puȇćodŏ: »Jŏ mȇslŏ, tȓȇsta bundzō dōsc«. — Tak Kχiwy̆t puȇćodŏ: »Nȇ, ńeχ-tȇ tak bundzȇ!« — Tak pōn dŏl tȓȇsta tālārūf Kχiwy̆tōči a sūm pōn wy̆çȇk. A Čiwy̆t sȇt dŏ-żȇda ȇ kŭpχil pŏrŏ kuȇńi zá-dvasta tālārūf a ōs zā-stŏ tālārūf, fajn brićkŏ a sȇ fsȇtčȇm, co nā-kuȇńȇ ȇ dŏ-wȇza nōleżālo; ȇ sŏt-sōbe v brićkŏ ȇ jāχŏl dŏ-dūm. Tak, jȃg-jāχŏl pȓȇz-čes, tāk sōbe gȇiżdłȇ³), a jȇwȇ sūnsȇdzȇ pātȓō: »Cȇs wy̆-klina? tŏ-jȇ nās Kχiwy̆t f tāčí brićcȇ; jak jāčí grāf, tak sōbe stŭlc jedzȇ!« — Tak wȇn dŏ-ńχ welŏ: »Ahá, va mȇslȇla, ȇs va-mȇ zábila a va zábila muȇįŏ mātkŏ! Terōs jŏ-bȇ vāma żȇčil, doči stōrȇ bābȇ plācū, a mlodȇ jȇs⁴)-sŏ čele drōksi!«

---

¹) enklitisch.   ²) so! sȇcįera.
³) gȇiždŭc : gȇiżdło, 'i : 'i.   ⁴) = jȇs.

Tag-mu̯eį̈ zbūŕë zābīi̯ālë swėi̯ė stārći ë swėi̯ė bālći a v̂itro z n̂imi dō-m̂usta jā̊χalë. Tak bëlo zlē z n̂imī; bu̯ē m̂elë lēdzi pu̯ēzab̆ītëχ. Tāk s tëmī zāb́îtëmī lēdzāmī tī sāmī zbūŕē muýšėlë jā̊χăc zā-m̂usto ë vëku̯ēpăc kuýlŏ ë tăm-j̊iχ pu̯ēχu̯ēvăc pŕë šondārăχ, pŕë ku̯ēm̂ësēraχ; ë tėj bëlë vzontë dō-sundë ë pŕēpitŏnī wêt-sundë, z jāćî pŕićënë wën̂i to zrŏb̆ilë. Tak wën̂i-so vëgādŏvālë jak mu̯ēglë, cō-bë pŕëšlë lōs. Ale to jîm n̂ic n̂ėpu̯ēmu̯ēglo; štrŏfu̯ēvŏnī dŏχ bëlë. Alē jak vês̆ēdzēlë swėi̯ŏ štrŏfŏ, tak pŕëšlë dō-dŭm ë tāk rūdzëlë, jāg-bë Kχiwýta dōšm̂ērcë dŏstăc. Tak wýrādzëlë, ëš Ćîwýta fšādzëc v bēckŏ a tėj jēwē wýtŏpχ̊ic. Tāg-vzōnë Ćîwýta, wýχrŏcëlë ë bēckŏ ë jā̊χălë s Kχiwýto do jēzŏra. Alē jāg-bëlë pŕē-jēzēŕē, tak fsādzëlë Kχîwýta v bēcko. Tăk jëdën pu̯ēćódŏ: »Alē m̂ē-wē skŭln̂ēmë v jēzŏrŏ, a bēcka jē dëχtōvnŏ; tak wën n̂ewýtōn̂ē. Alē véta-cŏ? Xcēmē jic dō-dŭm zasóldrāmē a tē nav́ēŕcŏmē v bēckŏ dzūr a tē-wē skŭln̂ēmë v jēzŏrŏ; tėj wën wýtōn̂ē«. Tag-jëdën pu̯ēćódŏ: »Tāg-zrŏb̆imē«. A drēdžē pu̯ēćódŏ: »To jē prōsto; χcēmē jic za sóldrāmē«. — Tak-tē-šlë[1]), ālē fšëtcë; a mŏi̯ Kχiwýt zāpχār nŏgāmē-so v dnō a v drēdži dnō glovŏ ë vēcësnūn dnō ë vëlŏs ë fprāvil dnō jāg-bëlo. A-tē šēt nawýstrono. Tāk mu̯ėį̈ χlōpχi pŕëšlë sē-sóldrāmē ë v̂ērcālē dzūrē ë tāk bēcko v jēzŏrŏ skūln̂on̂ē. A mŏi̯ Kχiwýt zāćŭn-so smŏc z n̂iχ. Alē pχorokno svėcil ksōn̂zëc. A-tăm pās šēper wēfcë nād-jēzŏrŏ. E mŏi̯ Kχiwýt vzōn në wēfcē nāt-kui̯nt jēzŏra. A-tāk wēd-nëχ-wēfc dŏvālŏ cēn̂ŭ; tāk mu̯ėį̈ χlōpχi χcēlë χvātăc në wēfcē, a-χtērŏn-χcōl wýχrŭcëc wēfcŏ, ten fpōt v jēzoro ë wýtŏpχîl-so; bu̯ē bëlo glombu̯ēk. E-tāk-so fšëtcë pu̯ētopχîlë, lē sōm Kχiwýt wēstōl v žēcim.

Tăk-šēt[1]) dō-dŭm ē-bēl sōm jëdën wēt-χlōpŭf f cālē fsë. E-tăkso vēsūkōl bu̯ēgātō brūtkŏ ē-tăk-so wēžēn̂il, ë pŕëšla jēmuý bëz-mala cālŏ vēs v rōncē.

6. Der ausgelernte Dieb 1 (vgl. IV. b. 1.).

Bēl-tŏ jëdën šláχcëc ū mŏl swėi̯ëχ pu̯ēddai̯ncŭf (dāχlōn̂ǐkŭf). Tăk tën jëdën dāχlōn̂ik mŏl sëna. Tāk tën sin pu̯ēvódŏ: »Tātkuý, jŏ pūdŏ f stāt, ćēwē-sŏ wýcëc; jŏ-jēm[1]) dōsc nārŏbālē nāšēmuý pūnē«. Tāk wėi̯c pu̯ēćódŏ: »Jāk-të, sën̂ē, χcēš, tăk-tē zrŏb̆ǐ«. — Tāk sin-sŏ zābrŏl ē-šēt f stāt. Tāk-wē zăstūla nōc v lēsē; jēstkuý muý-sŏ χcūlŏ. Alē ćëš dō-rŏbu̯ētē? N̂ëbëlŏ rūdë jîn̂ši. Tāk χu̯ēdžil

---

[1]) enklitisch.

puĕ-lēsē blŭndzūncĕ, buē drōgŏ zgŭbil; ālē ŭdzól v lēsē vil, tăk zŭ-nim-ŭdŏ bĕt. Jŭś-tăm prindzē, tĕj sēdzī ślĕrĕdvŭdzēsca muĕrdăŕi a vāŕŏ sōbĕ wēla ā sēdzō dŏkuēla ŭidĕ a jēdzō nŏ-mōnsŭ ā-gnŏtĕ ŕŭcājō nŭ-strŏnŏ a-nĕn zbĕŕŏ nĕ-gnŏtĕ a wĕbgrīzŏ; buē bĕl glŏdnĕ a-strŭχ-mŏl ŕēc: »Dajtă-mē tĕś«. Tăk jĕdĕn muĕrdŭŕ puĕŏŏdŏ: »Tŭ muÿsĕ χtŏ bĕc«. Tăk jĕdĕn puĕŏŏdŏ: »Ej²), tŏ-tōbē tăk-sŏ dălŏ«. — Tăk zā-śtōt drĕdźi puĕŏŏdŏ: »Alē jō, tū-mĕst χtŏ-jē«. Tăk jĕdĕn puĕ-ŏŏdŏ zŭs: »Tŏ-cāma tāk-sŏ zdājē slĕχăc; χtĕź-bĕ tū dŏ-năs prĕsēt?« Tāk zā-śtōt zŭs jĕdĕn puĕŏŏdŏ: »Alē dŏ-prŏvdĕ tŭ muÿsi χtŏ bĕc«. Tăg-zăcŏnĕ śĕkŭc; tĕ χlōp sēdzi a wĕgrīzŏ gnŏtĕ. Tăk tĕn jĕden jĕ-muÿ puĕŏŏdŏ: »Cĕś tĕ-jĕs zŭ-jedĕn?« A wĕn puĕŏŏdŏ: »Tăći, jāg-vă!« Jĕdĕn puĕŏŏdŭ: »Nĕ, tō-jĕ dōbŕē; tĕj puĕj dŏ-năs jēsc«. Tăk χlōp sŏt ĕ nājŏt-sŏ rŭntŏvnīwē mŏnsa. Tăk tĕn jĕdĕn wĕ-sŏ pitŏ: »Mŏźēś-tĕ dōbŕē strĕlăc?« Tăk wĕn puĕŏŏdŏ: »Nŏd-mŏ nĭma pĕvnĕśiwē strĕlca, jăk jŏ«. Tăk-tĕn nŏstarśi muĕrdŭŕ puĕŏŏdŏ: »Nĕ, tō-jĕ dōbŕē«. — »Ĉĕmuÿ?« — »Tŭ-jē krōl f tăm mĕscĕ a mĕ-bĕ rŏt tĕwē krōla wĕbrŭbuĕvălĕ (wĕkrŭdlĕ), ŭ-mĕ ńimŏźĕmĕ; buē wĕn mŏ tŭciwē ptŏχa nŭd-vrŏtămē sēdzuncĕ, u-jŭk mĕ-χcĕmē¹) jic dŏ-lĕwĕ-pălŭcĕ krŭlĕfściwē, tăk-wĕn zŭcńē skŕĕcĕc ĕ zbŭŕi (zbuÿdzī) cŭlĕ pă-lŭc krŭlĕfści. Tăk mĕ ńimŏźĕmĕ źŏdnim spuĕsōbŏ tĕwē krōla princ dŏ-wĕkrŭdńĕńŏ«. Tăg-vzōnĕ flīntŏ v nōcĕ ĕ-slĕ dŏ-nēwē-ptŏχa. Tăk jĕmuÿ dĕlĕ nŏ flīntŏ, mŏl tĕrŏs wÿstŕĕlĕc tĕwē ptŏχa. Tăk wĕn prĭ-cēlŏvŭl ĕ-spuÿscil kuÿra ĕ-zūrŏs ptŏχ spŏt. Tăk tĕn muĕrdŭŕ nŏstarśi puĕŏŏdŏ: »Dōbŕē, brŭcē, tĕrŏs bōndzēś năś kamrŏt!« Tăk ślĕ dŏ-krŭlĕfściwē pălacĕ ĕ puĕzŭbrŭlĕ, cŏ-jim-sŏ vidzālŏ. Tăk kŭźdi (kuĕ-źdi) vzōn buĕrdŏ ĕ-slĕ dŏ-swĕji jămĕ (dzūrĕ). Tăk nĕn χlōp bĕl tăm dlŭdźi cŭs pŕĕ nĕχ muĕrdăŕuχ. Alē tĕś wĕńi bĕlĕ ŏĕldźĕmē zlŏdzĕ-jămē. Tăk jĕdniwē rūzĕ nĕn mlŏdĕ zlŏdzi puĕŏŏdŏ: »Jā, kamrŏcĕ, jŏ muÿsŏ jic dŏ-swĕjiwē wĕca wĕpătŕĕc, cĕ wĕn jĕś źĕjĕ a mătka. Tăk wĕńi jĕmuÿ puĕŏŏdājō: »Alē tĕ-dŏχ prindzēś dŏ-năs«. Tăk wĕn puĕŏŏdŏ: »Cĕś-vă mĕstita, kamrŏcĕ? Jŏ-bĕ-dŏχ tăm ńĕvĕstŏl«. Tăk tĕn nŏstarśi puĕŏŏdŏ jĕmuÿ: »Alē cĕs-sŏ-dŏχ cŏkuĕlvĕk pχĕńundzi«. Tăk χlōp-sŏ vzōn ĕ-śĕt dŏ-dŭm ĕ-pŕĕsēt dŏ-wĕca. Tăk-wĕc-sŏ jĕwcĕ pitŏ: »Nĕ, sĕńē, cĕś-jĕs-sŏ vĕwÿcil f sŏēcē?« — Tăk sin puĕŏŏdŏ: »Zlŏdzĕstva, tătkuÿ«. Tăk wĕc p.: »Tō-jĕ lĕχuĕ, sĕńē«. Tăk sin p.: »Alē, tătkuÿ, lētcĕ kūnsk χlĕba«.

---

¹) enklitisch. ²) = ĕj.

Tāk nen šlảχcëc-sŏ dŏćedzŏl, ëš nēwē jēwē dāχlŏńika sin bĕl dōma. Tāk, jāk nën dāχlŏńik p̌ešēt dŏ-dwērë, tāk pŏn-sŏ pi̊tŏ tēwē dāχlŏńika, ë-bĕl jēwē sin dōma sĕ-stāta. A dāχlŏńik puētŏdŏ: »*Jō, fċi̊rŏ p̌ešēt*«. — »*Në, ċéš tām-sŏ vĕwỷcil?*« — »*Zlŏdzēstva*«. — *A pŏn puēt́ŏdŏ:* »*Tŏ-dŏχ ńēję̄ mućžnŏ!*« *A dāχl. p.:* »*Jō, jō, tŏ-jē prŏvda ; buē wën tāg-gŏdŏ ; wën-bë-dŏχ wēcē ńelgŏl*«. *Tāk pŏn po.:* »*Në, ńeχ wën prŏbuỷję̄! ëšlē wën ksōndza wēkrādńē, tēj jŏ jēmuỷ bōndŏ ćeri̊l*«.

Tāk nen daχlŏńik p̌ešēt dŏ-düm ë puēt́ŏdŏ sēnŏvi ; tāk sin puēt́ŏdŏ: »*Tātkuỷ, tŏ-lē špŏs!*«

Tāk šēt dŏ-māsta ë küpχil pχinc pŏr kuỷrŏnt ë fsādzil v mēχ ë-šēd dŏ-ksōndza v nōcē ë zbuỷdzil ksōndza. A ksūnc puēt́ŏdŏ: »*Xtéš tām jē?*« — *A tēn zlŏdzī puēt́ŏdŏ:* »*Ańōl zā-t́ŏbŏ, jŏ-cēbē mōm vzic dŏ-ńeba ; tē-jēs stŏrī dŏsc*«. — »*E-jés-të süm tū?*« — »*Nēj, nās tū-jē ćici*«. — »*A ʒdzéš wēńi sŏ?*« — *Tāk zlŏdziỷ puēt́ŏdŏ:* »*Tū p̌e-mē*« *ā χuỷtëškuē vēsēpχē nē kuỷrŏnta z mēχa.* »*Tɩrŏs pātrē, ćidzīs, dŏχ ćeri̊š terŏs?*« *Tāk χuỷtkuē-sŏ wỷprāćil ë-vés fšēttχī pχēńundzē, cŏ-mŏs ; ālē χuỷtkuē, buē jē ćas jic dŏ-ńeba : buē tŏ-jē dalēkŏ drōga!*« — *Tāk ksūnc zābrŏl pχēńundzē ë šēt būten ā-zlŏdzi mŏl nen-mēχ wēd neχ kuỷrŏnt ë-fsādzil ksōndza v mēχ ë-šēt z nim ksōndzŏ ë fsādzil f kuỷrńik. Tāk nen ksūnc sēdzi v mēχū ā f kuỷrńikuỷ ā mēsli sōbē:* »*Jāk tŏ tū cēmnŏ!*« *ālē ćēję̄: kuỷrē pχēi̊ŏ. Tāk-sŏ mēsli dzīvnŏ* »*āć-tŏ? ë-sŏ v ńēbē téš kuỷrē?*« *Alē ńic ńcgŏdŏ, jāš drēdźiwē dńa jīdzē dzēfka dŏ-kuỷrńika, kuỷrē fūdrōvāc, āš ćidzi : Xtéš v mēχū? Tāk jīdzē ë rŏzdrēši mēχ ; tēj ksūnc z mēχa vēlŏżŏ, rŏzēvē wēcē ā pātri :* »*ʒdzéš jŏ-jēm? Jŏ mēsli̊l, ëš jŏ bĕl v ńēbē a-jŏ-jēm f kuỷrńikuỷ*«. *Sūkŏ puē-tāšāχ : pχēńunscē p̌eć! Cŏ-p̌eć, tŏ-p̌eć.* — *Tāk zārŏs bēlŏ slēχāc, ëš-ksúndz-bēl v nōcē wēkrādli. Tāk šlảχcëc-sŏ tēž dŏvēdzŏl, ëš-ksúndz-bēl*¹) *wēkrādli. Tāk puēslŏl nen šlāχcëc zā nim zlŏdzējŏ, ālē zlŏdziỷ ńešēt dŏ šlảχcëca ; wētkŏzŏl, cŏ wën z nüm mŏl do-gŏtk, tēj-mŏl süm p̌inc dŏ-ńēwē ; ū cŏ-χcŏl, tŏ-mŏl jēmuỷ puēvēdzēc ; cŏ-bē wën wēd-ńēwē żūndŏl, to wēnbē-muỷ puēmōk, ćē-bē bēla rāda.*

Tāk šlảχcëc puēt́ŏdŏ dŏ-ńēwē swējiwē dāχlŏńika: »*Jŏ puēslŏ sētmē pārōpkŏf ; kāždi pārōpk bōndzē mŏl swējiwē kuēńa a bōndzē na-ńüm sēdzŏl, ā tvŏj sin wỷkrādńē v nōcē tim pārōpküm tŏ sētmē*

---

¹) enklitisch.

kuèńi; tāk wën-sŏ mōžē të kuēńē wetŕëmäc«. Přindzē wėįc dô-dŭm
ë sěnŏŏi tŏ ŕŏspuēôôdŏ: »Tŏ-sŏ, sëńē, ńēdŏ zrōbic«. A sin puē-
ćôdŏ: »Tātkuў, tŏ fsëtkuē pūdzē«. Tāk śēt něn zlōdzy dô-mästa ë
kūpχil dŏ-kāždēwē pārōpka flāśŏ slôbdriⱥkuў. E tāk-sŏ wēblik v
bābé rūχna ë-śēt dŏ nëχ pārŏpkūf puěd-lās, ₃dzē wěńi bëlë z nëmi
kuéńāmē. A tūm bëlë tēwē pāna lōntχi a të lōntχi pōn ḿōl dôni rĭ-
kāmē wēpravic.
  Tāk tŏ bëlŏ v zëḿē a ôeldji mrōs bēl ti nōcë. Tāk pārōpcē puē-
ŕésëlë në kuēńē dŏ nëχ rēk ā sāmi zrōb́ilě-sŏbē wēdžiń a gŕēlě-sŏ;
buē-jīm mrōs dôkūćôl. Tāk na bāba dŏ nëχ pārōpkūf přēsla sū-
sāįuncē, ĉiχlūncē, rōncē śērėje; puēćôdŏ: »Zëmnŏ, zëmnŏ, pārōpcē,
jŏ-bë vājı prŏsëla, ĉē-bë vā-ḿē puēzwēlëla, cō-lë jŏ-sŏ tēś wўgŕāla;
buē jŏ-bē-sla dō-fsë, ālē tō-jē dālēk; jŏ-bë ńestŕimūla wěd-zëmë.
Tāk wěńi-ji ŕēklë: »Jō, jō«; ḿālă-sŏ wўgŕôc. Tāk bába-sŏ nāgŕāla
ë χcē-sŏ zābērāc, prēć-jic.
  Alē puēćôdŏ: »Kuēχāni pārōpcē, cēś jŏ-mŭm vāma dāc za vāįū
dobrŏsc, cŏ vā-ḿē bëla tāg-dōbrŏ¹), cŏ jŏ-sŏ nāgŕāla? Tāk jŏ-mŭm
cŏkuēlćēk śnāpsë, mōžē-bë jēsta pχīla«. — Tak wěńi puēćôdājō:
»Jō, jō, muўtěr, ēslë mōcë, těj vësëkŏįcē!« Tāk na bāba vësūkūla
pôlnŏ flāśŏ; tāk wěńi puēćôdājō: »O, vë mōcë jēś pôlnŏ flāśŏ«. —
»Jō, jō, mōžētā fsëtkuē vëpχic«. Tāk na bába-sŏ pītŏ »śmūkŏl ten
śnāps dobŕē?« Tāk wěńi puēćôdājō: »Dōbŕē, ĉē-bë tici tāciwcē
śnāpsē bëlŏ, tô-bë-sŏ pŕē ti zëḿē jēś rôt vëpχīlŏ«. Tāk na bāba puē-
ćôdŏ: »Eslē vā-bë-jēś χcāla, těj jēś jŏ jědnŏ flāśkŏ mŭm«.
  Tāk bāba jīm dāla jēs jědnŏ flāśŏ a muěįi parōpcē pχīlë; buē
smŭkālŏ. Tāk-jīm jŭ v glōćē zāćono sāmāŕēc. Tāk ten jědèn puē-
ćôdŏ: »Iį, jō, tūtχi śnāps bē-sŏ pχīlŏ ńipuēχbili«. A jědèn puēćôdŏ:
»Alē skŭnt vici tāciwcē dūstäc? Tāk na bāba puēćôdŏ: »Eslē vā-bë
jēs-sŏbē žećela puē-śnāpsū vëpχic, te jēś jědnŏ flāśkŏ jŏ-mŭm«. Tāk
ten jědèn puēćôdŏ: »Tŏ-lē χuўtkuē vësëkŏįcē«. — Tāk bāba vësūkāla,
a jědni jŭ dŕimālē a jēś ńiḿēlē s ti tŕecē flāśē pχiti; të jŭ spālë.
Tūg-bāba klock wēdēsla a tě-sŏ wēbēzdŕi: těj fsětcë spχō. Tāk
bába-sŏ vrōcëla nāzŏt dŏ-kuěńi ë puēwēdŕēsëla kuēńĉ ë prōvādzi dŏ-
dŭm jāk swēįē.
  A parōpcē-sŏ vēspālë, fstēlë dŏ-gōrë, pātŕō: »dzēś kuēńē? A
tērōs z nāmi zlē! Alē jědnāk muўsīmē jidz-dŏ-dŭm ë pūnë zmëldō-

---

¹) dual.

văc, ëš kuēńē nům sō wykrädlē«. — Tāk pūrōpcë zrŏbĭlē. Alē pŏn žáčŏn vādzëc na-ńĭχ, dŏć wêńĭ-so wydēlē na-spāńĭ. Alē pūn bārzŏ dōbřē ŏēdzŏl, χtŏ kuēńē wykrŏt. Tāk puēslŏl pŏn zā-zlŏdzēįŏ; ālē zlōdzĭ ńēšēt dŏ-pāna; lē zlodzēįŏf wēc. Tak pŏn puēćŏdŏ: »Čēmuÿš sīn ńēpřëšēt dŏ-mé?« — Tāk wēc puēŏŏdŏ: »Jā, pūńē, wēn rōbē χlēvē dŭ kuēńĭ«. — Tāk pŏn puēŏŏdŏ: »Mŏ f sē jēdnåk rēčĭ. Ně, jŏ tōbē-cŏ puēćēm: řēčĕ swēįįmuÿ sēnŏŏĭ, ëšlē wēn wykrādńē spuēt muēįĭ bālčĭ plŏχtŏ a s pŏlca pχēřscēn, tēj jŏ jēwē wyznāįŏ zā dŏbřīwē zlōdzēįa«. — Tāk wēc tēwē zlŏdzēįa přëšēt dŏ-dům ë sēnŏŏĭ nŏ rŏspuēćŏdŏ, cŏ-pŏn-muÿ řēk. Tāk wēc puēćŏdŏ: »Alē sēńē, tŏ-tōbē ńēpůdzē«. — Tāk sīn puēćŏdŏ: »Ně, tātkuÿ, jŏ prŏbuÿįŏ«.

Tāg-vzŏn nēn zlōdzĭ flāšŏ ë-šēd-dŏ-brŏvāřū ë kūpχįl flāšŏ drŏždžĭ. E-tåk jāg-bēl ŏēčŭr, čāz-dŏ-spāńŏ, tāk šlāχcëc šēt sē-swēįŏ bālkŏ spāc. A zlōdzĭ šēt na-smōntůř ë vēkuēpŏl wēstātnēwē trūpa ë wēblēk f swēįē rūχna ë vzōn nēwē trūpa nā-puÿčĭl ë šēt z nĭm trūpŏ dŏ-pāna ū nŏ flāšŏ z nēmĭ drŏždžāmē vzōn sŏbŏ. E-tåk nēwē trūpa přēstūvĭl dŏ-wēkna ā-tē-zāčńē klēpåc nā-wēknŏ. Tāk pŏn wēdńēsē glōvŏ dŏ-gŏrē ë ŏĭdzĭ, ë ǵ)-zlōdzĭ stūįĭ kuēl-wēkna. Tāk-sŏ mēslĭ: »Aχů, tām-tē stōįĭš, ptŏškuÿ!« a sχvŏčĭ swēįŏ nābĭtŏ flĭntŏ ë střēlĭ v nēwē zlōdzēįa. Alē tŏ ńēbēl zlōdzĭ, lē nēn trūp. Tāk, jåk pŏn střēlēl, tāg-zlōdzĭ klēčŏl puēd-wēknŏ, ë jåk popklŏ, tåk wēn wyχvŏčīl trūpa zā-nŏdžē ë zvrōčīl trūpa ū sům-sŏ wymk. Tāk pŏn puēćŏdŏ dŏ-swēįĭ bālčĭ: »Jŏ muÿšŏ tērŏs tīncē zlōdzēįa jĭc zākuēpåc; buē sē-mnŏ-bē ńēbēlŏ dōbřē, čē-bē tŏ-sŏ nŏ-mŏ vēdālŏ, ëš jŏ-bē jēwē zāstřēlĭl«. Tāk pŏn vēlŏs z lōška ë-vēšůkŏl-sŏbē špŏdŏ ë-šēt zakuēpåc nēwē zāstřēlōnēwē zlŏdzēįa. A zlōdzĭ v jĭzbŏ dŏ-pāńĭ v lōškuē. A nŏ flāšŏ z nēmĭ drŏždžāmē vzōn sŏbŏ v lōškuē ë puēćŏdŏ dŏ-pāńĭ: »Tērŏs mŏžēma zĭχĕr spåc; jŭ jē zākuēpŏńĭ«. A v nĭm vēzńē uŏ flāšŏ z drŏždžāmĭ ë vēlēįē puēt-pāńŏ ë pŏt-sŏ ū tēj puēćŏdŏ: »Ač-tŏ? ë-jēs-tē čēl-jŏ wēsrŏńē?« — Tāk pāńĭ puēćŏdŏ: »Cĕs-tē plēšcēs? kuē tēj tŏ-tē, ūlē jŏ ńē«. — Tāk zlōdzĭ puēćŏdŏ: »Prŏbůį roŋkŏ, ëšlē tŏ ńēįē prŏvda«. Tāk pāńĭ prŏbuēvāla puēt-sŏbŏ: tēj puēd-ńŏ muēkrŏ; prŏbuÿįē puēd-ńĭm: tēš muēkrŏ. Tāk puēćŏdŏ: »Alē dŏ-prŏvdē, mū-jēsmā wēbuēįē dwēįē puēsrŏnēχ«. — Tāk zlōdzĭ puēćŏdŏ: »Jŏ muÿšŏ tŏ plŏχtŏ z lōška prēč vzĭc ū ten pēršcĭn däį mē tēš, buē wēn jē tēš bārzŏ wyzolōnĭ (strēpŏnĭ); buē ŏĭtrŏ, jāg-bē dzēfka přēšla lōškuē scēlēc, tak wēnā-bē ŏĭdzūla, ëš mā-bē mūla v lōškuy nāsrŏńē; tåk nāma dŏχ-bē bēl fsťĭt«. Tāk pāńĭ sįona s pŏlca pχcřscĭn ë dāla zlŏdzéjŏći; a zlŏdzi ozŏn pχèŕscin ë nŏ plŏχtŏ ë puèsèt (!) swèjŏ drōgō. Tāk nū-nim přindzē pūn ë ŕlēzē ŕ lŏskuē dŏ-pāni. Tāk ckńē, ĕš ńébëlo lŏskuē ćëstĕ. Tāk puēŏ́dŏ̀: »Fūj, zāćim-żē tŏ směrdzi?« Tāk pāńi puēŏ́dŏ̀: »Nĕ, tŏ-tĕ ńèŏēs, ĕš mā-sŏ puē-srāla?« — A pōn puēŏ́dŏ̀: »E-jès-të glūpŏ́, cès-të plēščès? Jŏ́ wē-ńićim ńèćim«. — Nĕ, dŏχ dŏpχèŕë ŕzŏn jès plŏ́χtŏ z lŏska prèć; buē bëla wēsrŏnŏ a pχèŕcēn ŕês-jês ŕzŏn-mē s pŏlca; buē bël ŕês střēpŏnē wēd-nājiwē gnŏjŭ«.

Tāk, χtŏ-cŏ mŏl, tēn třimŏl. Zlōdzi stŏl-so pānŏ, buē-mŏ́l sētmē kuēńi ë zlŏtĕ pχèŕcin ë plŏ́χtŏ. A pōn tëwē ńimūk nā-lëdzē vēdūŕ; buē bĕ-muy̆ bël za-vēldzi fstīt.

7. Der unanständige Schmied.

Bël-tŏ jèdèn ćèldji pōn a mŏl swuējŏ klūzńŏ a tês mŏl swéjiwē kuèćŏla. A kuēvŏl mŏl swéjiwē sèna ā ten sin χcŏl-sŏ tês wýćèc zā-kuèvŏla; ë-tāk ti dŕūj bëlë vèdno f klūzńi v grèpsē. A ten kuēvŏl-bē sŏbē-cŏ zārŏbil wēt tèsćëχ lëdzi. Ale ten pōn tèdnŏ prĕ-ńiχ stŏjĕl f klūzńi a tāk ten kuēŕŏl ńimūk ńic sŏbē zārŏbic āńi na-tŏbākŏ āńi na sklūnko pŝira; buē ńimŏl swéjiwē żèlaza, a wēt pānscèwē żèlaza ńi-mūk ńic rŏbic; buē pōn nā-ńèwē ćèdno wēpasŏvŏl. Tāk tèn kuèvŏl řēk dŏ-swéjiwē sèna: »Jākŭs mā tëwē střèχa vēdŏstŏńema s klūzńi? Ale vès-të cŏ, mŏj sèńē, jāk jŏ zrŏbŏ?« — Tāk sin pitŏ-sŏ: »Jāk vē, tātkuy̆, mèsliĉē zrŏbic?« — Tāk kuèvŏl puēŏdŏ dŏ-sèna: »Jŏ mëslŏ tāk: Jŏ rēkŏ nèncē, co wèna dzis navāři grŏχuy̆, a tĕj jŏ-sŏ diχliχ nā-ćèćeřŏ nājèm; a tĕj jŏ vitrŏ na-frèstëk diχliχ nājèm, a jāk mē dëχ bōndzē diχliχ driwēvŏl nā-puy̆ścèńi, tāk jŏ bōndŏ-sŏ střimuēvŏl, cŏ-mdŏ-mŏk prĕ-muējì wy̆buēdżi dĕsi. Tāk, jāk ten pōn přindzē, tak jŏ pūscŏ kōndzēl«.

Tak nū-nim drēdżiwē dńā prĕχuēdzi mŏj pōn, a kuèvŏl scigŏl, co mŏk, jās jēdnim rāzŏ prĕχuēdzi mŏj pōn. Tāk mŏj kuèvŏl puy̆scēl tākŏ kōndzēl, jāg-bë s kanōnē vēcālēl. A pōn stŏji a na-flĕtkuē-sŏ prēslëχŏ. Tāk jāk nèn kūēvŏl puy̆scēl nŏ kōndzēl, tak sin puēŏ́dŏ: »Prŏst fŏder!« Tāk nen kuèvŏl puēŏ́dŏ: »Tŏ jē riχliχ, mŏj sèńē!« — Tāk nen pōn řēk: »Fuj, s'inārē, wēbāj dvāj!« — Tāk nèn pōn puèsèt swèjŏ drōgō; a drēdżiwē dńā nākŏzŏl kuēvŏlŏći, cŏ-bē-sŏ drē-dżiwē dńā zābrŏl sē-swèjim sènŏ ë z bābŏ prèć z jèwē dŏbēr. Tāk kuèvŏl żālovŏl zō-tŏ, co wèn zrŏbēl sŏbē ë pānē zā-fstit. A pōn wčestöl pānö, a kuēvöl muÿšel sōbē rādö sëkăc mēdzë lēdzāmē, jāš röbuŕtö sōbē vēšūköl.

Tērës jē ćŏlën.

b. Ceynowa.
Das Glück des Dummen.

Bëlë tŕē brátoće; dvaj bëlë mundri a jěden bēl glūpi. E tak ni tŕēj-sö zavatovālë nā-sto tālārüf, žē ti dvajj mundrē-bë dŏbëlë ā ten glūpi něj.

A jědna krūlēvö bëla bārzo mundrö, že žöden člōvek-bë ji nimŭk pŕēvrōcëc na žödnim slōćē, χtěrno slōwē wēnå-bë puēvédzāla.

Tak nöpŕüt jěden mundri šēt do ti krūlēvē ë tak pŕindze. Tak wëna-so jěwē zapětovāla, a wën-jï nēvēdzōl nic nō-to co do-wětpuēćēdzēnï.

Tak pŕēšēt ten drēdżi; tak χcöl z nō co gādŭc. E tak wëna z nim zắčona gādŭc, a wën-jï těš nic nēvēdzōl co do-wětpuēvēdzēnï.

Tak pŕēšlë ti drajj mundri dŏ-dŭm. Tak wēni gŏdālë tēmuÿ glūpimuÿ, že χuēdz–bë wën-šēt, tē wën-bë těš nic nēsprawēvōl. Tak wën puēćŏdö: »A jö pūdö, a jö döχ vici zắrŏbö jak vā-dvāj«.

Tak wën-so vzūn ë šēt do ti krūlēvē. Tak nālös nŭ-drodzē nöpŕut kūra. Tak šēd–dāti ë nālös klin. Tak šēt dāti ë nālös wēbrŏnć [1]).

Tak pŕindze do ti krūlēvē; tag–ji puēćŏdö: »Jāk-so mēvös?«

. . . (In der sich nun zwischen Beiden entwickelnden Unterhaltung, die wegen ihres obscönen Inhalts besser ungedruckt bleibt, treibt der »Dumme« unter geschickter Verwerthung der gefundenen Gegenstände zur Lösung der ihm bereiteten Schwierigkeiten seine kluge königliche Gegnerin bald derartig in die Enge, dass sie erklärt, u. s. w.) . . . E tak ta krūlēvö puēćŏdö: »Tērŏs nima nic vici dogŏtći, jāk-sö wēžēnïc«.

E-tak-stŏjūl jï wēc a puēvŏdö: »Më jěwe zaplắcimë pχēnindzāmï, ë pūdze dŏ-dŭm«.

E tak wēni jēmuÿ fsēpālë pχēnundzi ë-šēt-wën dŏ-dŭm ë pŕēšēt do tēχ dvūχ brātüf a puēvŏdö: »Vā dvaj bëla tak mundri a jö tagglūpi; a jēm dōstūl pχēnundzi tělē, jak jö χcöl; ë tērōs mōžemë žēc jāž–do svējïwe kūnca«.

---

[1]) d. i. *wcebrąć = Russ. wæbroć: poln. obręcz.

III. Aus dem Dialect der Schwarzauer Kämpe.

a. Grossendorf.

Die wunderbare Geige.

Běl-to jěděn χlóp a móľ dóē cōrći a jědniwē sěna. Tåk těn sin puěvódó: »Tåtkuỹ, jö pūdą prēć, ū tą jědną cōrką tó-jö cēzną sobų« — ā těn sin mól skŕêpice — »tó-jö vēzną sobų«. Tak wěńi šlě, těn sin s tų cōrkų, tag-dālěk, jåš přěšlě v lās; a jåg-bělě v lēse, tāk-so spuětkūlě zē-stórim χlópą; ā těn χlóp tó-běl pōn Jēzůs. A ten sin nèćedzól, žē tó běl pŭn-Jēzůs. Tåk těn stóri ćlóćek, těn pun Jēzůs, tak řek: »Dåį-mė tě skřêpice«; ā to bělě stóri skřêpice. Tak pōn Jēzůs próbuēvól na těχ skřêpicåχ, a jěmuý-so dóbre ćidzēlě; a wěn mól těš skřêpice ā to bělě novi. Tåk ten pōn Jēzůs řek: »Xcěmú-so měńåc«. Tåk ten sin vzōn tě drědži skřêpice, tě novi, a tě wěńi-so rózěšlě.

A tē wěńi šlě, ten sin s tų cōrkų tag-dålěk, jåš wěńi přěšlě do-jědniwē karnólě[1]), a ten běl bārzo šěróći, a ńimuēglě wěńi přělěsc. Tak wěńi šlě do jědniwē ćólěnka, a tam wěńi vlēzlě a přěvozlě-sö nå-drěgų-strōną. A na tī drědži stróńe, tam stójåla jědna kóta, a tąm běla jědna stóró bālka. A ta bālka řekla: »Lěχuē jěsta trā-fila; buē tū sų f ti kótcē muérdårě, ålě wěńi sų těrós prěć«. A ten sin s tų cōrkų prosělě tą stórą bālką, co-bě-jīm jěsc dāla, a wěnå-jīm dāla jěsc ā-jīm řekla: »Jak wěńi tū přindų, tak wěńi vāma žěći cēzną«. — A ten sin mól flintą; tak wěn řek dó-ti stóri bālći: »Doždžěce-lē, jö tą flintą cēzną«.

A wěńi, ti muērdårě, bělě přěs ten karnól přěšlī. Tåk ten sin tą flintą vzōn a šět dó-těwē-karnólě. A jåk-ti muērdårě přěšlě dó-těwē-karnólě, tåk-tam ńěbělo žódniwē ćólna. Tak wěńi muỹšělě f ten karnól vlěsc fšětcě, a tą jīχ bělo sětmē. Tak jak ten sin věstřitil s ti flintě, tak wěn jīχ zārós wỹstřělil, ålě těwē jědněwē jiš dó-ćěsta nèwỹstřělil. A cēmno bělo; tåk nen sin městil, že wěn jīχ mól fšětcěχ wỹstřělóni. Tåk wěn šět dó-ti-kótći nazót ā-šět-spåc.

Tak jak wěn spól, tåk-wěn ćūl že jěděn přěsět. A ten muērdór vzōn nóš å-wē χcól wỹpkną. A ten sin-so věprosil jiš wě jědno

---

[1]) Kanal.

slôwē wĕt-tĕwĕ-muĕrdaŕa. Tak wĕn-muÿ ŕĕk: »Jŏ-sŏ jĕs na tĕχ
muęĭχ skŕĕpicăχ zămuzikuĭįą«. Tak jak wĕn skŕĕpice vzōn a zăčun
muzikuĕvăc, tak ten muĕrdűĭ̇ zăčų tencôvăc. Tāk-wĕn tencôvŏl štrūm
a tak dlūguē wĕn těncôvôl, jāš wĕn-so zvrōcil. Tak ten sin, jak wĕn-
so zvrōcil, tuk-wĕn nă-ńĕwē ā-muÿ zūrôs žĕči wĕdēbrŏl.

b. Chlapau.

Hänsel und Gretel.

To bĕlë dwĕįe dzĕči, knōp a dzēfćą. Tī šlē v lās za-jaguĕdami.
A tē to bĕl ťčăr a wĕńi zablądzĕlë a ńimuēglë dŏ-dŭm trāfıc. Tak
wĕńi zăćąnë plākăc a sūdlë puĕd-jĕdną χoĭką a plākālë tag dlūguē
jās wĕńi wūsnąnë. A puĕrĕnь jak wĕńi wēčūcĕlë, tē wĕńi šlē a tē
natrafʼilë jĕdnë χĕče. A tē bĕlë wēbróslē z wĕŕĕχāmi, krįlāmi, pĕŕ-
nôkāmi; tı wĕńi-so rvālē ĕ jĕdlë; a tē pŕĕšla takô grēbô stôrô balka.
A tā-sô zvūla »Stôrô Jiza«. Tak tē wĕnaji vzą a fsadzĕla f skŕĕńı,
a tē wĕnaji tĕčĕla, tĕ dzēcĕ. Tē wĕna jʼima dā wĕŕĕχë a pĕpernĕtë,
įāpka a co wĕńi nŏlepšı χcēlë. A tē wĕna ŕĕkla do-ńıχ: »Vĕtkńıta
pôlc«. A to dzēfćą ŕĕklo dô-tēwē knōpa: »Vĕtkńı knĕpĕlk«; a tē
wĕna nôżą ŕną f ten knĕpĕlk a ŕĕkla: »Χŭdı, χŭdı«. Tak tē wĕna
jēs jʼima puēpravila, a ză-dčĕ-nĕdzēle, tē wĕna zōs ŕĕkla dô-tēwē-dzĕf-
ćĕca: »Vĕtkńı pôlc«. Tak-tĕ wĕna zōs ŕną: tē pŕĕšla kŕĕf. Tē wĕna
ŕĕkla: »Tĕrŏs-sų sĕtı«. Tak-tĕ-wĕna-ńū jĕdną cōrką a to bĕla ta
mlôdô Jizu. A ta stôrô ŕĕkla do ti mlodı: »Ṅapalë dıχtıχ pĕc!« Tē
wĕna, ta stôrô, vzą tĕ dzēcĕ ă-jıχ-χcū f ten pĕc sūdzĕc a wÿpĕc. A
tĕ dzēcĕ ŕĕklē, žē wĕńi to nĕrozmēlë sūdnųc nō-ten-dĕl; wĕna mū
jʼim puēkūzăc, jak to mūšı sūdnųc. Tăk-ta-stôrô Jiza sūdla nō-ten-
dĕl a tı dzēcĕ ją χŭtkuē fsĕnąnë f ten pĕc a tē zūmklë; tē wĕnā-sô
pĕkla.

A tu mlôdô Jiza pāsla kuēzē a ŕĕkla: »Kōsńi, puĕta dô-dŭm;
nĕnka pĕče flĕs (ḿąso), dostôńıme tĕš«.
Tak pŕĕšla dŏ-dŭm a šūkā ză-tą-stôrų: ta ńızdze ńēbĕla. Tak
tē wĕna šlā dô-pēca ă-so-vzą χlĕba a jādlu wĕt-tĕwĕ-ḿąsa a sĕťıwē
a ŕĕkla: »To šmăkŏ dôbŕe«. A tĕ-so vzą a šūkā ză-tĕmi-dzēcāmi.
A pŕĕšla do jĕdnı ŕĕči. A tĕ dzēcĕ bĕlı jŭ pŕĕs-tą-ŕĕką dĕrχ. Tak
wĕna zăćąna pıc tą wĕdą a tag dlūguē pila, jĕs wĕna pąkla.
A tĕ dzēcĕ šlē do-swęĭıχ stārsĕχ.

o. Schwarzau.

1. Treue Liebe.

Bëlë-tŏ rŏs jědni lědzĕ a mëlë trĕ cōrći ā-ten wëc ńimōk wĕ-ŏëlĕ lāt ńick ŏidzēc. Tāk wëńi-sŏ dŏŏēdzëlë, žē ńēdālĕk fsë bëla stëdńa ā-χtŏ-bë wët ĩi wēdë dŏstŭl ā-bë-sŏ nāpĩl, tĕ-bë bĕl zdrōf. Tāk ta stārsŏ řekla: »Wĕčĕ, jŏ-pūdy vŭm ālŭc wët ĩi wēdë; tĕ vĕ bŭdzĕcĕ zdrōf a ŏidzēc muēglë. Tāk wëna blā z grōnky zā-tō wēdō a χcāla nābrŭc. A-jak mãla nabrōńi, tĕ-jĩ ńeχcālŏ pujscëc, lĕ-jĩ řekla: »Čĕ tĕ-mē přěřēčĕs, muēja nōmĩllšō ¹), tĕ lĕ dŏstōńĕs ĩi wēdë«. A wëna mãla strāχ řēc. Tak mujsëla vëlŏc a jic nāzōt bēz-wēdë. Tāk ta nōmlŏtsŏ řekla: »Wĕčĕ jŏ pūdy, jŏ-vŭm přẽńdsy ĩi wēdë. Ta stārsŏ mãla strāχ přẽńēsc; a drēgŏ ńeχce-vŭm jĩc. Tak jŏ pūdy; jŏ-jĩ přẽńdsy«. Vzýna-sŏ grōnk a-slã. Jak χcāla nābrŭc, tāk-jĩ grōnk třimālŏ a řeklŏ: »Řĕčĕ-mē, muēja nōmĩlsŏ ¹)! tĕ jŏ-cē pujscy«. Tāk wëna řekla »Mōį nōmĩlsĩ ¹)« ë dŏstāla fujl grōnk wēdë. Tāk-něn-wĕc-sŏ bārzŏ cĕsĩl, žē ta nōmlŏtsŏ cŏrka bëla nōlēpsŏ, buē-muj přẽńŏsla wēdë. Tak wën-sŏ nāpĩl a wĕčĕ vëmĩl a bĕl zārĕs zdrōf a mōk ŏidzēc. Tāk-sŏ bārzŏ cĕsĩl, žē-jĩs rŏs zdrŭf bĕl.

A ńevārō dlūguē, tĕ klēpē nā-dvĩřĕ. Tak jidzĕ ta nōmlŏtsŏ wētēmknyc a ŏidzi, žē sēdzi străsńi kytōr. Tāk-jĩ řečĕ: »Tĕ-mē přěřekla, muēja nōmĩllšō; tērĕs-mē přēsadzë přes tĕn prōk«. A wëna-sŏ buējāla wyχvācëc, ālĕ-sŏ vzyna dvā knëplĕ, a přesādzëla přes tĕn prōk. A bëla vĕčěra, tak wëna sādla ë χcūla jĕsc. A lĕn kytōr řek: »Tĕ-mē přěřekla, muēja nōmĩlsŏ; tĕ mujsiž-zē-mnō jĕsc«.
— Tak wëna vzýna-wē, na-stōlk fsādzëla ā-muj puēstāvĩla na-tāscĕ tĕs jĕsc. Tāk, jak-bëlë najādlĩ, tĕ bĕl čās dŏ-spāńi. Tak wën-jĩ řek: »Tĕ-mē přěřekla, muēja nōmĩlsŏ; tērĕs lĕ mujsĩs zē-mnō spāc jic«. — A wëna mãla strāχ ā-jĩ mātka tĕs; buē tŏ bëlŏ strŭsńi zviřĩ.

Tak wëńi puēscēlëlĕ strẽję kuël-lōska a wëna-sŏ lēgla v lōskuē ā lĕn kytōr nā tę střẽję. Tāk, jak-bëlŏ pōlnŏcĕ, tāk na mātka χcē ŏidzēc, jāk z ńō stōńi bëlŏ. Jāk wētēmkńe dvĩře, tak ŏidzī, žē fajn mlōdĩ princ lĕžĩ na-střẽji, ā ta skōra kuëlĕ-nŏk lĕžĩ. Tāk wëna zŭrĕs napōlëla pĕck ā ny skōry vřūcëla a spōlëla.

Jāk na-puērénk tĕn princ-sŏ pitŏ za-swēju skōru, tāk ta mātka řekla: »Jŏ-ju mŭm spōlōńā«. Tak wën-sŏ zāčyn jĩscëc, žē tŏ jŏ jĩs

---

¹) Paroxytonon!

ńebĕl ćās jēwē vëšĭ. Tak wĕn-sỏ vzǫn a šēt f sóāt ā na cŏrka-wē
tak prósĭ žē z ńim tëlĭ vĕstỏịala a tērës jĭdzỏ wĕt-ńĭ prĕć. A wĕn-jĭ
řēk: »Ćē-bë twēịa mūtka ńĭmāla m̄ē spỏlŏnĭ muēịĭ skŏrĕ, tĕ jỏ-bĕ-
mŏk přë-cĕbĕ bëc; alē tak ńĕ«. — E šēt ćĕstỏ prĕć.
A wēna za-ńim šlā šĕkăc. Šlā jăž-dỏ-slŏniška ā-sỏ pĭtāla:
»Slŏnĭškuē, të sóēcĭs dālěk ë šěrỏk; ńĕóĭdzăłỏ-të jĕdnĭwē mlỏdĭwē
pr̆inca?« — A slŏnĭškuē-jĭ řēkłỏ: »Nĕ; ālē bỏ dỏ-ksęžēca, tēn-mdzē
óĕdzŏl; ălē zō-tỏ naóĕdzēńĭ jỏ-cë puĕdārēịę zlỏtĭ kuēlóvrōt«. — Tak
wēna šlā dỏ-ksęžēca ū-sỏ pĭtāla: »Ksęžēcĕ, të sóēcĭs šěrỏk ĕ dālěk;
ńĕóĭdzŏl-të jĕdnĭwē mlỏdĭwē pr̆inca?« — A ksęžēc-jĭ řēk: »Nĕ, jỏ
ńĕóĭdzŭl, ālē pūdzĕš dỏ-óātra, tēn-mdzē óĕdzŭl. A zō-tỏ naóĕdzēńĭ
jỏ-cë puĕdārēịę zlótō‘ kųdzēl«. — Tak wēna vzęna a šlā dỏ-óātra
ū-sỏ pĭtāla: »Vātřĕ, të t́ēịĕš šěrỏk ë dālěk, ńĕóĭdzŭl-të jĕdnĭwē mlỏ-
dĭwē pr̆inca?« — A wĕn-jĭ řēk: »Jó, na-óĕldžĭ gŏřĕ, dzē ńĭχį̇ vlĕsc
ńĭmōžĕ; ălē pūdzĕš-lē, jỏ dĭχĭ́χ zăóēịę ā-tĕ vlĕzĕš; a zō-tỏ naóĕdzēńĭ
jỏ-cë puĕdārēịę zlỏtĭ muĕtóóĭdłỏ«.
Tak wēna vzyna a šlā a trāf'ĭ vĕsŏku‘ gōrę. A f tĭm zaóēịš
óĕldžĭ ćātěr a wēna vlāzla nā tę gōrę. Tę stóịŭl óĕldžĭ zūmk. Tak
wēna vēšla v jĭzbę; tęm wĕn sĕdzĭ z jĕdnu‘ frăịlēnu‘. Tăk wēna
prósĭ, ńĭmuēglë-bë jĭ wĕb-nŏc wĕtřēmăc. A wĕńĭ-jĭ řēklē: »Jó, mō-
žĕš wĕstŭc: A-tĕn prīnc jĭ ńĕpuĕznŏl ā s tu‘ frăịlēnu‘ jŭ-bĕl zarę-
čōnĭ, žĕ-bë-sỏ f krŏtcĕ zĕńĭlĕ. Tak wēna prỏšēla tę frăịlënę, ńĭmuē-
gla wēna-bë jĭc s tĭm prīncę spāc. A tā jĭ řēkla: »Ćĕ të-m̄ē těn
zlỏtĭ kuēlóvrōt dŏš, tĕ të mōžĕš jĭc; ălē jak pěrŭ rŏs kūr zapēịỏ,
tĕ-të muy̌šĭš zārës rŭtěn vĭnc«.
Tāk wēna nō-tỏ přēstūla. Tēmuy̌ prīncỏvĭ ta frăịlēna zguĕtỏ-
vūla na-óĕćěrę muĕcnĭ ārbātē a vlāla tăćĭwē šnăpsĕ, cỏ wĕn cóărdỏ
spŏl. Tak přĭndzĕ ta dó-ńĕwē v jĭzbę. Tĕ-wĕn jŭ spĭ; tāk wēna
zăćńē plākŭc a dó-ńĕwē rỏspuĕóādăc, žē wēna z ńim tēlĭ vĕstỏịāla a
tērĕscĭ wĕn rŏs z ńu‘ gādăc ńĕχcŭl. Wĕna-wĕ šărpāla ë buy̌dzēla a
wĕn ńĭc, lē spĭ. Bĕl jŭ [1]) krŏtkuē puĕrĕnk, žĕ-bë jŭ rŭten muy̌šēla
jĭc; a jĭž-z ńim slóva ńĭmāla gŏdŏńĭ. Ālē spu‘ ńĕdalĕk ńĕwē dvāị
slēdzë a fšĕtkuē slěχăịu‘, jăk wēna plăćē a wy̌řēkŏ. — F tĭm zapēịę
kŭr, a wēna muy̌šĭ z jĭzbē rŭtěn vĭnc.
Tak prósĭ jĭš wē-jĕdnę nŏc dỏ-wĕstāńĭ. Tak wĕńā ju‘ wĕtřĭ-
mălĕ ā-χcē-jĭc zŏs z nĭm prīncę spāc. Tak wēna-jĭ řēcē: »Mōžĕš jĭc,

---

[1]) jŭ immer kurz: jŭ.

ale muyšiš-mē dāc tę zlótu⁺ kųdzēl; a nā-jĩ χcē zārěs dāc, lē cὃ-bë
kὕz s tim princę spāc. Tak na fráįlëna jěmuÿ zguētëįὃ jiš šträmněši ārbātë jak ta pěršὃ bcla. Tak přindzě wëna zὁs dó-něwě a wën
spi zὁs. Tāk-wē prósi, mỡ z ňu⁺ dὃχ běnỡmňi jědnὃ slōwē řěc, a wën
ňic něćęįὃ, lē spi. A ti slědzë fšětkuē slěχūįu⁺, jak wěna-wē prósi,
cὃ jäš jim sāmim tēwē dzěfcěca zὁl-jē. Tāk-sὃ puěvὁdāįu⁺, že-bě
zārěs puěřěně-muÿ fšětkuē puěvēdzēlë, jak wěná-wē prὃsěla a naři-
kāla a plakāla. F tim zapěįὃ kūr a wěna muÿši rūľěn jic. Tāk-sὃ
tak jisci, zē jū mála zlὃti kuělὁcrōt stracómi a jiš ňick ňimala spra-
όὁni. Tāk-jiš prósi tę fráįlěnę wě jědnę nὁc, cὃ-bë muěglu jic s tim
princę spāc. Wěnā-jĩ řekla: »Mὁžěš jic, ǎlē dὁš-mě tὃ zlὃtí muě-
tόvidlὃ. A nā-jĩ zārěs χcē dāc, lē-mὃ-jĩ dāc jic dό-tēwē princa. A
těn princ mὁl nakὁzōni tim slěgūm, mēlë rzic tę ārbātę a vělὁc; a ni
tiš jό, vzynë a vēlēlë. Tāk na přindzě dό-něwē dὃ-lόska a záċňě-wē
šārpāc ā-muÿ fšětkuē rὃspuěvādāc, jak wěna-wē věbūvila s ti stědňě
á-z ňim tēli věstὃįāla a tēršs wěn rὁs ňeχcě z ňu⁺ gādāc. A wěn
slěχὃ nō-nὃ fšětkuē, jak wěna wÿřěkὁ, ǎlě ňic-sὃ ňedὁ mērkāc, žē wěn
ňěspi, lē lěži a fšětkuē nō-ňę slěχό. Tak plāċě a gὁdὃ: »Jū vnět
bųdze kūr pὁl, a tě jiš dὃ-mě ňimὁš slόva řěkli!«

A f tim wěn-sὃ puěrce z lόska dὃ-ňĩ á-ju⁺ wÿχvόci a řěċě:
»Muěįa nόmilšό, jěs-tὃ-tě?« — A wěna ňimὁžę f tim slόva řěc;
tāk-jĩ cyskuē bělὃ. Alë za štὁcěk záċnu⁺-sὃ fšětkue rὃspuěvādāc
wět-puěcųtkuÿ jäš dό-kūnca. A f tim kūr pěįὃ a wěna rūľěn ňęįidzě.
Tāk-na fráįlëna-sὃ měšli: »Cěš tὃ tęm bųdze?« klēpe nā-dvĩřě, a
māįu⁺ ju⁺ puÿscěc. A těn princ-jĩ řek, mỡ na-guědzěnę jiš jic prěċ,
jāž-bë wěn sům rūľěn věšet. A na fráįlěna ňizdze ňimὁ rūwū ¹), lē
lὁtὁ f kὁl dvĩřě a māįu⁺-ju⁺ puÿscěc. Tak wěňi vindu⁺ wěbuěįὃ rūľěn,
ā-něn princ-jĩ zārěs řek: »Z nāma jē dό-kūnca; tā-jē muěįa nόmil-
šό; tūk mā-sὃ muÿšima wěžěňic. E-sὃ vzynë ě-blě prěċ dό-ji-wě-
ċěznë ā-sὃ wěžěňilë a-žělë jak žeňāli lědzē.

2. Der goldene Vogel.

Bělë-tὃ jědni lědže a mēlë jědniwcē sěna. A těn sin muÿšil χuě-
dzěc vědnὃ tōrci zběrāc; buě-ňimēlë zācὃ dὃ-kūpeňi. Tak-šét rὁs vēdlὃ muěra zběrāįųcě a vidzi, žě f krū sědzi zlὃti
ptόχ. Tak řuci ně vōrci a zā-tim-ptόχų jidze. Tāk-wě wÿχvόci a

¹) »Ruhe«.

bēgŏ dŏ-dum ā-sȣ cẽsi, že taćiwē faịn-ptŏska nālŏs. A ni stārsi tȧs̄ȣ cẽsu´, že-bë-wē předēlë å-bë-sȣ kupilë dřeva. A tẽn knŏp-wē néхce předăc, lè-muŷ-zrŏbi buŷdụ kusl-pẽcka, cŏ-bẽ wẽn-sȣ cẽplȣ mŏl.

Tāk-sȣ dŏvēdzŏl jẽdẽn zlŏtńik ë-sẽt zȧ-nim-ptŏхụ a хcŏl-wē kuŷpic. Tāk-sȣ pitŏ, vële-хcŏl-mẽc zȧ-tẽwe-ptŏхa; a wẽńi-muŷ řēklë: »Stŏ tālārüf; tẽ-wē mŏžece mẽc«.

Tak ten zlŏtńik tēwē ptŏхa wēbdzẽrŏ a pŏrka přēvrŏcŏ. A nālŏs na-sẽịi malinku´ kārtkụ, ȧ-na-ti-kȧrtce stŏịālȣ napisŏni, хtŏ-bë tụ glŏvụ zjŏt wẽt-tēwē ptŏхa, tẽn-bë přēsēt vē-Frȧncẽịi zȧ-krŏla; a хtŏ-bë tȣ sẽrce zjŏt, tẽmuŷ bë-sȣ nȧlēžȧlë kȧždi nŏcẽ zlŏtī pēńụdze puẽt-glŏvū´.

Tāk nen zlŏtńik-sȣ mēsli: »Ćë-bë-jŏ mŏk tēwē dŏstăc!« Alē-jim ńic ńepuēći, žë-tụ-kȧrtkụ ten ptŏх mŏl puẽt-pŏrūmi. Tāk-jim gŏdŏ, žē-bë vici nēdȣstēlë zū-ńēwē, jak-tālůr. A ten knŏp néхce-wē dăc, lè-wē-хcē-sȣ wẽtřēmac.

Tak dŏvēdzŏl-sȣ krŏl, žē ti lēdze mēlë zlȣtiwē ptŏхa; jȧхŏl zārẽs wēbdzẽrủc. E přēsēt dŏ-tëụ-lēdzī, mēlë-muŷ puēkāzăc tēwē zlȣtiwē ptŏхa. Tāk nen krŏl wēbdzẽrŏ a nālŏs nụ kārtkụ; tăk-sȣ přēćẽtŏ ë zāres-sȣ pitŏ, cŏ wẽńi-хcu´ mẽc za-ńēwē. Tāk ten knŏp-řek zārẽs: »Stŏ tālārüf«; ā ten krŏl zārẽs vẽsūkŏl ȧ-ịim-dŏl a ptŏхa-so vzụn.

Tāk, jak přēịȧхŏl dŏ-dum, tȧk-wē-dŏl zārẽsći wēskuŷbăc ălē nȧkŏzŏl kuŷхȧrȣvi, žē-ńimŏl ńick vici rŏbic, blŏs-wē wēskuŷbăc, a z glŏvu´ a s flȧkāmi mŏl-wē wŷsmȣrŏvăc. A të jȧхŏl spăcēru´ a, ćẽ-bë přēịȧхŏl nazŏt, tẽ nŏpřŏt cŏ-bë tēwē ptŏхa dŏstŏl, alẽ bēz-vēprāveńi.

Tāk nẽn kuŷхủř fsẽtkue zrŏbil, jak krŏl nȧkŏzŏl. A su´ dvāị slēdzë bārzŏ lȧkuēmni; tāk-sȣ rȣspuēŏdāịu´: »Ćẽ-bẽ ma-muēgla wẽt-tēwē ptŏхa smākuēvăc; tẽn-dŏх muŷsi gvẽsno faịn smākăc«. Tāk tẽn jẽdẽn řek: »Vẽs-cŏ? Nẽpuētima nŏ-sụ, tẽ zjẽi glŏvụ a jŏ sẽrce; ā ten krŏl rŏs-sȣ ńẽndzē ¹) zȧ-tim pitŏl«.

Tāk, jȧk kuŷхůř mŏl fārdiх, tȧk wēstāvi f spińụ ā ni dvāị wēpāsëịu´. Jȧk-nen-kuŷхůř vẽsēt růten, tak wẽńi zārẽs dŏ-nēwē ptŏхa a wŷřnụnë glŏvụ a vẽịụnë sẽrcē a-tẽ zjēdlë.

Tak přēịedze krŏl zē-spācērē ȧ-хcē-mẽc ptŏхa. Tȧk-nẽn-kuŷхůř zārẽs vẽsūkŏ a puēslē z nim slēgu´, krŏlȣvi zȧńesc. Tak krŏl vidzi, žē ńima glŏvë; a-tẽ wēbrŏći, tẽ ńima sẽrca.

---

¹) Die Erzählerin gebraucht 1) bdụ, bdzẽi, bdzẽ u. s. w.; 2) mdụ, mdsẽi, mdzẽ u. s. w.; 3) (nur negirt) ńẽndo, ńẽndzẽi, ńẽndzẽ u. s. w. aber 3. pl. ńẽmdu´!

Tāk wën zārĕs-sŏ pītŏ́ kuŷχāŕa, dzĕś wën mŏl tụ glóvụ a sĕrcē. A kuŷχŭŕ-muŷ gŏ́dŏ, że tak zrŏ́bil, jāk krōl kŏ́zŭl; tŏ-bĕ muŷśil mēc vzụ́fi slëga, cŏ nā-stōl přĕñōs. Tāk-sŏ pītŏ́ slëgụ, dzē ta glóva a tŏ sĕrce bëlŏ. A slëga ńeχcŏ́l pueʹēdzec, buē-mŏ́l strāχ, że-bë-wē krōl zē-slŭżbĕ vĕnëkŏ́l. Alē vzụ́n-wē-sŏ v jı̆zbụ a dŏ́l doūχ χlópŭf ālăc. Tāk, jāg̣bĕ ńepueʹēdzŏl, tāg̣bĕ zārĕs-wē dŏ́l pueʹēsĕc. Tāk nĕn slëga dŏstŭl strāχ a pueʹēdzŭl: »Jŏ́-zjŏt glóvụ ā ten drēdżi tŏ sĕrcē«.

Tak krōl jı̆χ zārĕs dŏl vĕnëkăc rūten ā-ı̆im ńedŏ́l żŏdniwē mita. Tāk-sŏ ślë jı̆śçıcë, cŏ-doχ ńezrŏ́bilë; tērĕs bëlë rūten zē-slŭżbĕ a-ńimëlë ëńi fëńiška.

Tak ślë vlās a vidŭ́ vit; přindŭ́ dŏ-nēwē-vı́da. Tẹm mëškāụu' dwēʲē wŷbuēdżëχ lëdzı̄. Tak próśu', ńimuēglĕ-bë-jı̆χ wēb-nŏc wētřĕ- māc. A na bālka ŕekla: »Jŏ́-bē vāıi wētřimāla, ălē jŏ ńimŭm żŏdni slŏmē ĕ ńiżŏdni pëŕnë«. — A wëńi próśu' a χcu' χuëc na-zĕmi lēżēc. Tāk-jı̆χ wētřimāla ā-jı̆m lëstŭf nāscēlëla ā-ı̆im dāla pëŕnụ wēt- veĕcëŕē.

Tak jak na-puĕŕēnk χcāla lëstē zgārńăc a rūten brāc, tak nalēze sāmē(χ)zlŏtĕχ pëńụdzı̄. Tāk-sŏ wŷcēśi a pueʹŏ́dŏ swēıımuŷ χlópuŷ; a-wën-jı̄ zākāzëʲe, mŏ bēc śtël a ńimŏ́ ńick pueʹādăc tim dvēma.

Tāk-jı̄m gŏ́dŏ, māụu' wēstāc jı̆ś-jēdnụ nōc wŷ-ńıχ a māụu'-sŏ ıı̆c ten lās wēbēzdŕic (sic!). A nen χlóp bēgŏl dŏ-fsë mụsa ālăc nā- pŏ́lńē. Tak jak přēńēse, tāk na-bālka dŏbŕē wŷvāŕēla a tē-nim dvēma puēstāvila, mëlĕ jēsc. A wëńi ńēχcēlē, żē-bë ńimëlē za-cŏ dŏ-zāplā- cēńı̄. A na bālka-jı̆χ přēprŏ́śŏ a ńēχce ńick mēc wēd-ńıχ. Tak wēstëlë wēb-nŏc. Jāk na-puĕŕēnk, tak zāćńe zŏ́s nē lëstē zgārńăc, tē dŏstŏ́ńe sāme zlŏti pëńụdze. Tak-jı̆-jē dzivnŏ́, cŏ tŏ malŏ́ znāćēc; ālē mála strāχ, lēχ doūχ-so pĕtăc; buē może wēńi-bē tē pëńụdzē fśëtći χcēlë mēc. Tāk jim ńic ńepueʹēdzāla, lē-jı̆χ próśi, māụu' jı̆ś- jēdnụ nōc bēc wŷ-ńıχ. — A ten drēdżı̄ dŏ-tēwē swēıiwē kāmrŏta ŕēk: »Vĕś tē cŏ? Mē-sŏ tak vële wē-krōlŏf siılŏ̆́; jŏ ńimŭm żŏdniwē rūwŭl; jŏ muŷsụ ıı̆c f svāt, ū tē mŏżĕś wŷ-tēχ-lēdzı̄ wēstŭc, ćē-wëńi cēbē χcō (sic!) mēc; a-jŏ pŭdụ prēć«.

Tak-nĕn jı̆ś-wēstŭl jēdnụ nōc a tē vıći ńēχcŏ́l bēc, lē-χcŏ́l-ıı̆c za-swēıım kāmrŏtụ. Tāk na bālka zgŏrńŏ́ lëstē a nalēze zŏ́s sāmēχ zlotēχ pëńụdzı̄. A nēn cēzı̄ χcē puē-fŕēštēkuŷ ıı̆c prēć ā-sŏ pītŏ́, cēś- wën bĕl vıńēn. A ta bālka ńic ńēχcē mēc, lē-muŷ jı̆ś-gŏ́dŏ, ëzlē χcē, tē mŏ wēstāc wŷ-ńıχ; ā wën: »ńē«, lē jı̆dze prēć.

Tak přešet dŏ-jědni fsë, tęm-sŏ wýridzīl za-sćińářa, že-bŏ pās svińi. A ten pōn-muỹ řek: »Ežlĕ χcĕš, tĕ mōžeš pāsc«. A nĕn kämrŏt šet ćĕdnŏ dali, jūś jű je ńedalĕk Francëji. Tĕ ćěje ćĕlgŭ mŭziky a jidō-muỹ f prŏtk z ćĕlgŭ pārādŭ a vřešću´, že krōl jidze. A jak bĕlŏ přĕ-ńim, tak fšetcĕ před-ńim-sŏ klańājŭ (sic) ā-wĕ mājū za-swĕįiwĕ krōla a wĕstŏl francĕšćim krōly. A nĕn nĕ-svińe pāse ĕ přĕ-ńiχ spŏvŏ. Tāk-sŏ rŏs χcĕ swĕjĕ lōškuĕ puĕscĕlĕc, buĕ-wĕ jŭ cĕsnynŏ. Tak wĕn zāćńe scēlĕc a nalĕze sāmĕ pĕńydze; tāk-sŏ na-tim zāstūnŏti, jāg-bĕ tĕ pĕńydze tęm přinc muĕglĕ. Jĕdnāk-sŏ dŏmĕsli, žĕ wĕd-nĕwĕ ptŏχa nŏ sĕrcĕ zjŏt. Tagbĕl dĕχt nišrĕχ, fšetci pĕńydze, cŏ tęm bĕlĕ, vĕgärnyn. A tĕ-so lĕk na-ćĕsti a puĕrĕnĕ wĕbezdřŭl, tĕ bĕlŏ sāmĕ zlŏti pĕńydzĕ. Tāk wĕn šet zārĕs dŏ-pāna ā-muỹ řek: »Jŏ ćici tĕχ svińi ńendy pās, lĕ pŭdy prĕc«. — A ten pōn-sŏ pitŏ, ćĕmuỹ wĕn ńeχce bĕc dlĕžĭ. A wĕn-muỹ řek: »M´ĕ-sŏ nōt ńedzĕję svińe pāsc«. Tāk ten pōn-muỹ řek: »Jŏ-cĕ ńedăm žŏdniwĕ mitu«. A wĕn řek: »Jŏ wĕd-vās ńic ńeχc mĕc; lĕ-sŏ bŏce ūlic muĕįiwĕ lōška ā-so vĕscĕ pĕńydzĕ, kuỹti vĕ χcĕce«. — Tāk nĕn pōn-muỹ řek: »Cŏ tĕ glŭpi mĕ χcĕš nāgādăc? Jĕs svińŭř, ā-bĕ jĕs mŏl mĕc pĕńydze?« — Alĕ jĕdnāk šet nŏ-lōškuĕ šēkac; tĕ nālŏs sāmĕ zlŏti pĕńydzĕ. A tim ćāsy nen wỹšet prĕć. Tak jidze drŏgu´, tęm-sŏ držŏ´ dvā krĕći. Tak wĕn-jiχ rŏznĕkŏ, alĕcu´ kāždi f swĕjy strōny.

Jidze dali; tęm-sŏ bijŭ dvāį brācĕ; tak wĕn-jiχ rŏznĕkŏ ā-sŏ pitŏ, wĕ-cŏ wĕńi-sŏ tak bijŭ´. A-wĕńi-muỹ řeklĕ: »Ma mōma puĕwĕcŭ tāći kuĕžĕχ, — ćĕ-sŏ v ńĕwĕ wĕtińe ā-sŏ-mĕsli, žĕbĕ tęm nā tim fläχuỹ bĕl, tĕ wĕ-mĕnŭly-bĕ tęm přĕšet — a mĕsk s pĕńydzāmi; χuĕr-cĕs z ńĕwĕ dĕrχ sĕpŭl, ā wĕn ćĕdnŏ fuỹl bĕl; a wĕba dvāį-bĕ mili ten kuĕžĕχ mĕlĕ«.

Tak wĕn-jim řek: »Jŏ-vama puĕćĕm: Bŏta štĕk wĕd-mĕ, a tĕ-jŏ zāgŏizdny, a χtĕren bydze rĕχti kuĕl-mĕ, tĕn dŏstōńe ten kuĕžĕχ; a χtĕrĕn puĕzdnĭ, tĕn vĕzńĕ ten mĕsk«.

Tak wĕńi nō-tŏ přĕstĕlĕ. Jāk bĕlŏ štĕćk wĕd-ńĕwĕ, tĕ-sŏ nen kuĕžĕχ wĕćinyn ā-sŏ zmĕslil, přĕs tŏ ćĕldži muĕře přĕlĕcec. A f tim wĕn-bĕl tęm ā nen mĕsk-sŏ vzyn tĕš.

Jāk ni dvāį brācĕ-sŏ wĕbezdřĕlĕ, tĕ nĕwĕ ńizdze ńĕbĕlŏ. A ńimĕlĕ tĕrĕs ńick, ĕńi kuĕžĕχa ĕńi mĕška. Tāk-sŏ šlĕ jŭscycĕ f svāt. A-nĕn v nim kuĕžĕχuỹ lĕćŏl v dzĕvi krŏį. Tęm bĕlĕ strāšnĕ zvĕryta. Tak zāćynĕ zārĕs-wĕ drĕc ā-muỹ ćĕstŏ nen kuĕžĕχ puĕrvālĕ; f tim lěcĭ jěděn krěk ā-muў řēčē: »Tě-mě wět-směrcě věrětôl, tak těrěs jôcěbě věrētāįų; légńĭ-sŏ na-muēję skřĭdlā, tě-jô s tôbú‛ přělēcų f twēję strónë. Tak wěn-sŏ lěk a krěk z ńĭm lěcôl, ě-wē přěńōs dŏ-jědnĭwē pålŭca. Tük šēt v jĭzbų; tęm sědzūlū mūtka s cōrkŭ‛. Tāk wěn-so jĭχ pitôl, ńěχcělě-bě-wē wўřědzěc. Tūk ta bălka zārěs χcě-wē zaguěspuědôřa wўřědzěc, a wěn nō-tŏ přěstôl, žě-bě tě wěstôl. Tākmuў wўprāvú‛ faįn-lôskuē dŏ-spāńĭ; ā jak zāčnų‛ puěrčně scělěc, tě sō sāmě zlŏtĭ pěńųdze. Tāk na bǎlka wē-sŏ pitô, cŏ-tŏ-běl za-znāk, žē wěn tak běle pěńųdzĭ môl puět-glôvu‛. A wěn-jĭ řěk: »Tŏ jô dôstŏįāįų kāždĭ nôcě; buě jô-mŭm zjādlĭ wěd-zlŏtĭwē ptôχa sěrcě«. — Tak wěnā-sŏ měslĭ: »Čě-bě jô muēgla tŏ wět-cěbě jak vědŏstäc tŏ sěrcē, tě tŏ bě-sŏ-mě nalôzălě tě pěńųdze«.

Tak wěna šlā dŏ-čărnŏkřĭžńĭka a wē-sŏ pitāla, ńĭmōk-bě-jĭ puěvědzěc, jak wěna-bě muēgla tŏ sěrcē wět tēwē jĭ guěspuědôřa vědŏstäc. — Tak wěn-jĭ řěk: »Zróbĭš-lē na-věčěrų ărbātě, a tě-muўdôš věpĭc; tě wěn-bdzē muўšĭl řěgac tak dlūguē, jăš wěn tŏ sěrcē věřěgô. A tě-muў třěmô glôvų ā-sŏ puěstāvĭ bólkų z wědu‛; ā jak wěn tŏ věřěgô, tě χŭtŭškuē wěplōkńĭ f tĭ wědzē a puělkńĭ«.

Tāk-sŏ těš-tak stālô a puě-těmuў wěn pěńųdzĭ puět-glôvŭ‛ ńědŏstôl. Tāk-sŏ jĭscĭ, cěž-bě s tă‛ bābŭ‛ zróbĭl; jĭdze do-stărlĭwē čărnŏkřĭžńĭka ā-muў fsětkuē puěčódô, jāk ta bălka-muў zrôbĭla. Tak wěn-muў řěk: »Tě lē-sŏ-ńějĭscě, tě tŏ dŏstōńěš, tŏ sěrcē, nāzōt. Jô-cē dōm tačĭ ărbātě, čě ta rópa nā-ńų zālěcĭ, tě wěna-sŏ zārěs wěslų stōńě«.

Tāk wěn jĭdze nazōt dŏ-dŭm. Jāk přĭndze, tak řěce, žē-běl χuěří, ā-bě-sŏ zróbĭl dôbrĭ ărbātě. Tak fsěpē v grōńŭšk a muěcnŏ zakřęjē a puěstāvĭ na-věgńĭšcě. A dzěfcē nūkôže, žě ńĭmô tĭ ărbātě wětkrěvāc; wěn-bě-tŏ sům-sŏ ālôl. A na dzěfka běla nĭsrěχ, cô-to-bě muēgla za-ărbāta běc, wětkrějē a puěckńě a f tĭm-so zārěs stālā wěslų. Tāk wěn vĭndze rūten, tě vĭdzĭ, žě stôjĭ (!) wěsěl kuěl-wěgńĭšca. Tāk wěn zārěs zāprŏvādzĭ-wē f χlěf a dŏ-muў sāna a muўšil nų ărbātų vělôc a s nóva svěžŭ‛ vařĭc (!). Tak nakôžē nĭ cōrcē, žěmuў ńĭmô tĭ ărbātě řěχlĭ přěńěsc, jăš wěn-sŏ sum-jú‛ ālôl. A wěnamuў χcăla-jú‛ přěńěsc, a spādńě těřχ a rópa nō-ńų χlāstla a stălasų wěslų. Tāk wěn vĭndzē zā-nō ărbātō, tě stôjĭ (!) wěsěl a čĭvě glôvŭ‛. — Tak wěn-sŏ měslĭ: »Těrěs jô-mŭm drŭχ wěslôfų, vēzńe a zaprŏvādzĭ dŏ-něwē wěsla a dŏ-ųm sāna. Tak vĭndze mātka ā-sŏ pĭtô za-swěįŭ‛ cōrkŭ‛. A wěn-jĭ řěk: »Wěna šlā-nă-věs«. A tĭm čāsy wën-sŏ zróbil īnsi ärbātë a puēstāći-sŏ na-wĕgńišće. Tak přindze nā-stôrô a začńē wēbzērăc, cŏ wën môl f tīm-grōnkuy̌, vēzńe a śmŭkuy̌ię a zārēs wésly-sŏ stāla. Tāk wën vēšēt dŏ ni ärbātē zādřēc: tē stôṷi (?) stôrī wēšel. Tak wēn-sŏ řēk sŭm dŏ-sē: »Dóχ-jô-cē, të stŏrŏ bēscē, róz dóstūlu. Začńē-wē vēprŏvādzăc f χlēf a drēdživē dńā zūpřik v ōs a jaχól za-dřēvy dô-lāsa; a nāklôt-sŏ diχtiχ fōry, të dvā mlŏdi slódë a-tēwē-stôriwē f přôtk. Tak jedze puē-ti-ńólëχsi dródzē a tēwē stôriwē tūg-bii̯ē, cŏ-wēn-jās wyklëkŏ. A tëχ mlŏdëχwēn ńēbil, buē ti bëlë ńēvinmi. Tāk-sŏ nāwēzīl, jāš môl dósc. A tē tēwē stôriwē vzyn a zābil a tē-wē róspōr ā tŏ sērcē-sŏ vējyn.a puëlk; ā tŏ ińši zākuēpŏl. — Tē muy̌-sŏ zôs zlótī pēńydzē nalôžālē. Tāk wēn šēt dŏ nēwē čărnŏkřižńika ā-wē prósi, ńēvēdzôl-bē rādë, cô-bē z nëχ dvūχ wēslôf lēdzē-bëlë. A wēn-muy̌ řēk: »Tŏ-jô muēgy zróbic, älē tŏ kuēstŏ véle pēńydzī. A nēn-muy̌ řēk: » Nēχ tŏ kuēstô, kuy̌lī- χcē; jŏ tŏ muēgy pānē zāplūcēc«. Tāk wēn-muy̌ řēk, môl dŏ-ńēwē tëχ wēslôf přēprŏvādzēc, tē wēn-bë z ńiχ zróbil lēdzi. Tāk nēn bēgŏ ā-ńiχ alôl dŏ nēwē křižńika. Wēn-jiχ vēzńe a z ńimi jīdzē f sklēp. Tę wēn môl v bēccē cŏrnu' wēdy ë kŏzôl jēdnimuy̌ v ny wēdy vlēsc; a zārēs-sŏ stāla ta-sǎma fráylēna. A tē kŏzôl ti drēdži f ty wŏ dy fstypic. Wêna-so tēs dzēfcēry stāla.

Tāk tē wēn z ńimi s tēwē sklēpŏ vindze rūten, a-nēn stŏṷi a ždžē ā-sŏ-mēslī, žebë-tēres ńimôl wēslôf ēni lēdzi; älē jēdnāk f tīm vēstupi čărnŏkřižńik s tēmi dóēma dzēfcy̌tāmi. Tāk nēn-sŏ wy̌cēšil ā-sŏ z ńimi přēvitôl.

Tāk-sŏ cēšēlë, žē-bē tērēs jāž-dŏ-smērcë v grēpē bëlŏ; a nēmuy̌ čărnŏkřižńikuēvi dôl pēńydzē, véle wēn-lē-χcôl. A tē šēt zē-swēi̯ēmi dzēfcy̌tāmi dô-dŭm ā-sŏ wēžēńil s tū cōrkū' ā ty dzēfky zaswēi̯y wētřimôl.

3. Die zwölf Räuber und die zwei Brüder.

Bëlë-tŏ dvāi̯ brācē; jēdēn bēl buēgātī a jēdēn wy̌buēdžī. Tēn buēgātī ńimôl žodnëχ dzēci ā tēn wy̌buēdžī môl jēdny cōrky. Tāk wēn šēt róz.v lās za-dřēvy a čēi̯e bărzŏ rŏspuēvôdāi̯ycë. Tāk-wēn wy̌stupil za jēdny χōi̯ky a vidzôl žē vēšlŏ dvānôsce χlópūf; ā tēn jēdēn řēk: »Cuy̌zāmā wótvăr-sy« a »Cuy̌zāmā zátvŭr-sy« (sic!).

Tuk jak wēńi wy̌šlë, tuk ten χlóp šēt dŏ tëχ dviři a tēš tak řēk; zārēs muy̌-sŏ dviře wētēmklē. Tak wēn vēšēt bēnnŏ, a ty stói̯ēlë bēcci s pėńydzāmi. Tak wėn-so wўcėšil, žė-bė-sŏ vzǭn ā-sŏ kŭpil cŏ dŏ-žłonŏscë. A tė šēt dŏ-dŭm. Tak ta jēwē bålka-sŏ barzŏ cēšëla a to dzėfcę puēslāla dŏ-tēwē-bråta zā-pōl-kuėrcim, cŏ-bë tė pėńydze zmėrėlë. — Ta cótka-sŏ jī pītālu : »Cėš vā mŏta dŏ-mėrėni?« — Wėna rėkla »Jŏ́ nėvim«.

Tak ta cótka puėd-dnó smuēlë puėdlāla. Tak tŏ dzėfcy pŕėnėse dŏ-dŭm. Zāčnō mėŕėc tė pėńydze a-mėlë kuėl pincnŏsce kuėrcī. A tė puēslālë pōlkuėrcī nāzōt. A na cótka wėbēzdŕāla puėd-nŏ-dnó; tė bėlŏ dvadzēsca mārkōf wўlėpli.

Tak wėna zārŏs bēgāla dŏ-ńi̯x ā-sŏ pītāla, skyt wėńi tė pėńydze mėlë »buė jak vā-mė nėpuėvėta, tak jŏ́ na-vāi̯i vėdŭm«. Tak wėńi puēvėdzėlė, žē v lēse mėškālë muėrdāŕė, a styt ten xlóp-sŏ-tŏ ālŏl.

Tak wėna prósi, mŏ vzic jī-xlópa tės a mŏ-muў puēvėdzėc, dzē tŏ jė. Tak wėńi-sŏ zåpŕėglė cóórŏ kuėńi a jaxālë. Pŕėjāxālë tęm: tė fi muėrdāŕė prāve rūten šlë. Tak wėńi xuў́tiškuē f strónę wўjāxālë, jåš fi muėrdāŕė štėck wўšlī bėlë.

Tak wėńi šlë v ny jāmy ā-sŏ nāsėpālë fuўl ōs; a tė jāxālë dŏ-dŭm. Tak ten wўbuėdži xlóp ŕek : » V̆icí jŏ́ nėpūdy«; ā ten drėdžī ŕek »Jŏ́ jìs-rŏs-sŏ ålai̯y«.

Jak pŕėjāxālë dŏ-dŭm, tak tēwē buėgåfiwē bålka zārės-wē jìšrŏs vėnėkāla. Tak wėn šēt dŏ-nėx-dvŕi a ŕek: »Cuўzåmă, ótvŭŕ-sę! « a vlŏz-bėnne a ŕek: »Cuўzåmă, zåtvŭŕ-sę!« Tåk-sŏ nåsėpōl fuўl mėx. A tė zābėl ŕec, jåk-sŏ mėlë wėtēmknyc, a ńimŭk-sŏ ńijak dŏ-mėslėc, jak tŏ slŏwe bėlŏ. Tūk čās nådxuėdzil, žėbė-sŏ zjāvilë fi muėrdāŕė; a wėn tę muўšil wėståc, buė-sŏ inši rādė nėvėdzŏl. Vzyn tė pėńydze a róssėpōl tāk jåk wėńi bėlë a wėn-sŏ sŏt za-jėdny bėcky a-sŏ mėslil: »Jag-bydze, tag-bydze. Rŏs wėńi mė tū dŏstŏńu'«. — A f fim čėię vėldži rŏspuėvódåni; tak wėn-sŏ mėslil: »Tėrės tŏ wėńi-jū su'«. A f fim stypu' fšėtcė v jīzby.

Tag-zārės jėden pŕėz drėdžiwė vŕėšcu' : » Tū muўši xtŏ bėc«; zāčnu' šėkāc: »tė sėdzi jėden za-bėčku'«. Tak wėńi ŕėklë: »Tŏ́ tė-jės ten brāt, có-nŭm pėńydze krŏt!« A wėn-ji̯x prósi, må̍iu'-muў darŏvāc žėci. »Na fi ŕìzi [1]) mė tŏbe ńepuėdāŕęjēmė tēwe«. Tak ten nŏstarši vzu'-wē zārės f ty šlaxterëi̯u' a tę wėn vidzŭl samė glŏvė wėtlėdži. A wėn-ji̯x prósi, måi̯u'-wē rūten puўscėc. A wėńi ŕėklë: »Tak jak fi vìsu', tak ė tė bydzeš vìsŏl«. Tak jėdnim rāzę sėcėru'-

---

[1]) = nå-ten-rŏs.

muŋ glȯvy scu' ë puërybïlë na drȯbni štȯči a f kåždi nȯrt jẻden štëk puëlȯ̇žëlë.

A na bülka jēwē χuėdzi dȯ-tēwē-drėdžiwē χlȯpa ā-wē prȯsi, mȯ̇-ji ji-χlȯpa sëkȧc. A wën-ji ťek: »Dȯć të-jės tȧk χcëvȯ̇? Mȯ̇ž̇- dȯsc a jïš vïci χcëš!« — A wëna ńïc, lē stȯ̧i̇ (sic!) a plȧċe a prȯsi, mȯ̇-ji dȯχ n̆c a vëšëkac: »mȯže wën tęm jē, s kųt vā të péńydze ālā- lës. — Tak wën-sȯ wẏ̧žȯlïl a tē šet. A přindze v ny jāmy, tęm wën vïdzi jēwē glȯvy a f kåždim nȯrce lëži štëk. Tak wën fšëtkuē zebrůl a tē jāχůl dȯ̇-düm. A na bülka plakāla diχlïχ: ċē-bë tȯ vedzāla, tḙ-bë-wē ńmāla zārss vënëkȯ̇ni za-vici. Ale māla-wḙ-bë dȯχ rȯt dȯ- grëpë zēšētiwē.

Tȧg-bēl tęm nā jédnëχ pūstkȧχ jéden krȯ̇fc a ńimȯk ńïc vidzēc ȧlē fšëtkuē šëc. Tȧg-nën-χlȯp zāńim jāχȯl, cȯ-bë-wē zēšil dȯ-grëpë; a tḙ-bë-wē zaχuēvȧc dālë. Tȧk nën krȯ̇fc z ńim jāχȯl ë fšët- kuē zēšil.

A tē ni muėrdāře-sȯ dȯvedzēlë wḙ-nim-krȯ̇fcū a jāχālë dȯ-ńḙ- wē ā-sȯ-pitȧlë, cȯ̇š wën mȯk fšëtkuē šëc. A wën-jim ťek: »Jȯ̇ muȯ- gy fšëtërnȯstkuē; přet-třema dńami jȯ̇ šil cālȯ«. Tak wëńi-so pi- tāịų', cȯ-tȯ-bēlȯ za-cālȯ.

Ale wën-jim ńimȯk puėvedzëc, wët-kuḙwē tȯ bēlȯ. Tȧk wëńi- muŋ ťeklë »mȯk-bë të nȯ-tën flȯ̧χ trūfic, dzē tȯ bēlȯ?« A wën- ťek »jȯ«, žë-bë trāfil. Tȧk wëńi-muŋ dȯbťe zāplācëlë, cȯ-bë wën- jima puėkȯ̇zȯl, dzē tȯ bēlȯ. Tak přėjaχālë nā-ten süm flȧχ, dze wën-tȯ šil. A tï muėrdāře-sȯ nacēχuēvālë na-lȯ̇dȧχ, cȯ-bë tēwē ńχt ńėnālȯs ā-jim ńėzgāsil; tē v nȯcë wëńi-bë jāχālë ā-jim puėkȯzālë, cȯ-tȯ-bēlȯ jima krȧsc. A tē jaχālë nāzȯt dȯ-swḙi̧ jāmë.

Tak jȧdu' v nȯcë dȯ-nëχ-χici zā-nim-ċėχy sëkȧc. Alē tȯ dzēfcy mālȯ zgušȯni. Tak wëńi ńėnālëzlë, muŋšëlë jāχȧc nāzȯt; buȯ inšëχ ńėχcēlë zamuėrdȯvȧc jak tëχ lëdzi.

Tag-drėdžiwē dńa jidze süm ten nȯvėššì wët-tëχ-muėrdāři dȯ- ńḙwē krȯ̇fca, mȯ z ńim jü-rȯs jāχȧc: žē wën-jü-mȯl zabëti, dze tȯ bēlȯ. Tȧg-nën krȯ̇fc z ńim jāχȯl a wën-sȯ zȯs nāpisůl zā-lȯdę; tęm-bë tēwē ńχt ńėnālȯs. Tak jāχȯl nāzȯt; jak přindze nȯc, tȧg-bë jāχālë. A ten nȯstaršì zapakuėvȯl fšëtċëχ jédnȯsce v bēċċi. A jédny bėċky-bë vzu' z wēlėvu', a süm-bë jāχȯl jak pȯn.

Tug-jāχālë ë přėjaχālë nā-süm-flȯ̧χ. Tak šėl v jizby a prȯsil tëχ lëdzi, ńimůk wën-bë wēb-nȯc wēstȧc, žē jāχȯl dȯ-māstā z wēlėvu' a bēlȯ jü trȯχy puėzdze; tȧg-bë-rȯt wēb-nȯc wēstȯl. A-ni-lëdze-wē

wëtřimălë. A-në-bèčči dôl fšëtči v dūm zēstūvíc. Tăk-ni-lĕdzē-wē
dóbře přĕjyně; buē tŏ-bĕl čĕldži pōn.
  A tŏ dzĕfčy măłŏ dĕrχ čĕldži yst ¹), ńĕvēdzăłŏ dzĕ̀-jăš-mălu
jïc; ălē tïm stūršïm ńic ńĕpuēvĕdzăla. Tag-jĕdnïm rāzy vindze ten
pōn v dōm a wëna χûtïlškuē zgāsï vït a sădńe v nūrt. Tăk ten pōn
šēt dŏ-bēčči a řek: »Čē jŏ zăklĕpńy nă-ty-bĕčky a řeky«: »»Jŭ««
»tĕ lĕ řečeš tĕš«: »»Jŭ, jŭ««, »tĕ přïndzĕla zārĕs rūten«. — A tăk
wën šēt dŏ kăždï bēčči ā-jïma năkôzôl. A tŏ dzĕfčy fšëtkuē »lëχô,
ale ńïc ńĕpuēvï sweįïm stūršïm, lē zăčńe vēčĕry guētóvăc. Tak jak
bĕłŏ puē-čĕčĕřï, tak jïdze zôs nĕn pōn dŏ-nëχ-bĕčk ā-sŏ pıtô: »Žĕjĕta
vā jïš?« Fšëtcē wëtpuēvēdzu‛: »Jó«. Tăk nŏ dzĕfčy-sŏ zūstăvï
čĕldži kuēcôl dŏ-prăńï z wëdu‛, žĕ-bĕ-jïš-v nôcē muyšëla prāc. Tag-
vindze nĕn pōn dŏ-ńï f kŭχńy ā-jï řečē: »Bųdzeš-lē dopěřë jïš
prāla?« — Wĕna-muy řekla: »Jó, buē čïtrŏ jŏ ńĕmdy mălu čăsē«.
— Tak wën-jï gôdô, mô-sŏ ălăc s tï jĕdnï bēčči tï wëlētē. Tak wëna
ălăla. A-tĕ, jak ta wēda vřālu, tĕ nabĕ́re-sŏ fuyl zbōn čĕldžï nēwē
vārë a-tĕ jïdze dŏ-kăždï bēčči a-zaklĕpńe tačïm glósy jak ten pōn.
A jak wën-řek: »Jŭ«, tak wëna zārĕs vlăla tēwē vārë próstŏ v
gārdłŏ, a wën-sŏ zārĕs spăřïl. A-tak-ïlă dŏ-kăždï bēčči jăš-fšëtčëχ
mălu zgladzôńï.
  A ten pōn-sŏ róspuēvôdôl s tëmï stăršëmï a ńïck ńĕvēdzŭl —
jăž-za-štōčïk vindze rūten dv-nëχ-bĕčk a na-kăždu‛ klĕpe a ńïχt-sŏ-
muy ńewēdēzbē.
  Tak wën-sŏ mëštïl, žē tŏ dzĕfčy mălo-jïχ spăřóńï, ălē ńïck-sŏ
ńedŭl mērkăc; a tïm stăršïm wëna ńick ńĕpuēvēdzăla, žē tŏ muĕdařë
bĕlë, lĕ-jïχ puēslē, măįu‛ jïc spăc a wëna-bĕ jïš nôzē šĕrŏvāla.
  A ten pōn přë-ńï wëstŭl a môl f skuěřńï dlūdžï nôš. Tak wën
dŏ-ńï vindze ā-jï řečē, mô z ńïm jïc v jïzby. Tak wëna-sŏ vēzńe nôžē
sweįē dŏ-wëčěrāńï a jïdze a tĕ zăčńu‛-sŏ rŏspuēvādăc a z nëmï nô-
žāmï-sŏ f sy puyščc. Tuk wëna-muy řekla jĕden špôs, a wën-sŏ
róssmôl, a wëna wëpasŏcāla ā-muy zārĕs gārdłŏ přeřńyna, a wën
wëstŭl zārĕs na flăχuy ležųcē. A tĕ wëna zbuydzï swěįëχ stăršëχ a
řeče »Stăńïta! vä wē-ńïčïm ńĕčēla a-jô-môm dvanôsce muĕrdăřï
zglădzôńï«. — Tak ni-sŏ bārzŏ wyřuslë a ńĕχcelē tēwē vĕřëc, jăš-
wëna jïma-jïχ puēkôzala. Tĕ wëńï ńĕvēdzēlë, cŏ wëńï nô-tŏ jăš řec
mēlë. Tak zăčynē tĕ bēčči wëtmëkac, a f kăždï bēčce sēdzï χlôp a

¹) »Angst«.

mŏ gārdlŏ dŏ-gŏrë a gybu wētēmklī: fśëtkuē jĕdnŏsce tak sĕ-
dzālŏ.
 Tak wëńi zārēs kuëpālë kuẙly a fśëtćëx f ty kuẙly vŕūcëlē. A
tē pisālë dó-krōla, żĕ-jīx-cŏrka māla dvanŏsce muërdāŕi zgladzóni.
Tāk ten krōl-ji prēslūl vële pēńudzi zō-to, ë-bëlë buēgātī nat fśëtćëx
lëdzi.

4. Die treue Schwester und die böse Schwiegermutter.

 Bēlē-tŏ jĕdnī lëdzĕ a mēlë sētmē sënūf a jĕdny cōrky. A tē ta
mātka wẙmārla. Tāk tēn wēc-sŏ wēżēńil z jednū inśū bālkū. Tak
tē jak wēńi jaxālë z vĕsēĺiwē, tāk-tŏ sētmē brātūf stójālŏ pŕed-dŏi-
ŕāmi a ždālë; ā ta cōrka guētŏvāla pōlńē.
 Tāk ta bŏlka-sŏ wẙŕāsla, żē ty tak vële dzēci bëlŏ. Tak wënā-
jīx zāklyna, żē-bē-sŏ stēlē ćŏrnēmi ptŏxāmi: a f tīm zārēs-sŏ stēlē
a lēcëlē pŕēć. Tāk na sóstra vindzē rūten ā-sŏ wēbdzērŏ za-swējēmi
brātāmi: ā-jīx ńizdze ńēbëlŏ. Tak wëna zácyna bārzŏ plākăc; tak
wëna westāvila swējiwē wēca ë mācēxy ē-śla f svāt za-ńimi śēkăc.
 Tāk-śla nŏpŕūt dŏ-słŏniśka; a słŏniśkuē jū bārzŏ zapŏlëlŏ.
Tak wënā-sŏ pitāla: »Nēvidzālŏ-të tūż-dzē sētmē muējĕx brātūf?«
A wënŏ ŕēklŏ: »Ńē, ālē bŏ-lē dŏ-ksyżica (?), ten svēci śērŏk ë dālĕk«.
 — Tāk wëna śla ā-sŏ pitāla: »Nēvidzūl-tē muējĕx brātūf?« — A
wën-jī ŕēk: »Wēńi sō bārzŏ dālĕk na jĕdni sklēnāni gŏŕē; āle bŏ-
jēś dŏ-vātra ā-sŏ pētŏ!« — Tāk wëna śla ā sŏ pitāla: »Vātŕē, të
vējĕś śērŏk a dālĕk, ńēvidzōl-tē muējĕx sētmē brātūf?« — A wën-jī
ŕēk: »Na vēsóci gŏŕē; ale pūdzēś-lē, jŏ dīxlīx zāvēję, a të vlēześ«. —
Tak wëna pŕēšla dŏ-ńi-gŏŕē; a f tīm vātĕr zāvūl a wëna vlāzla
dŏ-gŏrë.
 Tak pŕēšla v jĕdny jīzby; tam stójālŏ sētmē lóśk ë sētmē grō-
nūśkūf, a f kāżdīm grōnūśkuẙ bëla ĺēśka. Tak wëna f kāżdīm grō-
nūśkuẙ zamēśala a kāżdi lóśkuē puēscëlēla a pŏt-tŏ nŏmlŏtłi wëna
vlāzla. Tag-jag-bēl vēćūr, tak wēńi pŕēlēcëlē: buē wēńi bëlē wēb-
nŏc lëdzāmi a wē-dzēń ptŏxāmi. Tak śłē dŏ-grōnūśkūf, a f kāżdīm
bëlŏ zamēśóni; śłē dŏ-lóśk, kāżdi bëlŏ puēscēlóni. Tak wēńi-sŏ gŏ-
dālē: »Tū muẙśi-xtŏ bēc, zácy nē śēkăc; tāk-jū nālēzlē puēt-łóśky,
a wëna dŏ-ńix vēlūzlŭ a zácyna plākăc. A wēńi fśētcē tēś. Tāk-sŏ
vitālē ë plākālē; tak wëna-sŏ jīx pitāla, ńēslo tŏ-bē-jīx dŏ-vēbāvēńi
s tēwē. Tak wēńi-ji ŕēklū: »Jós, ālē tŏ-bē bārzŏ cyśkuē pŕēslŏ. —

A wëna-jĭχ prȯsĭ; mą̇ju̇‘-lē-jĭ puëvēdzec, mȯżė tȯ̆-bë-ėlȯ̆. »Të-bë-
muÿṡëla wē-sėtmë lāt nĭc nėjēsc ėnĭ gādȧc«.
Tak wëna-ṡla v lȧs a zbēräla kuėronċĭ wė-ṡēsc lāt. A sȯdmĭwē
rȯkuÿ jāχȯl krȯl prėz-lās a-mȯ̆l psȯf kuėl-sė. Tak wëna ċēla a vlāzla
nȧ-χo̧įky. A në psë zȧ́ċ̨nė ny χoįky drėc. Tāk nėn krȯl slȯl slëgy,
a mȯ̆l wēbēzdrėc, χtȯ̆ ty bėl. A wën vĭdzȯl, że jėdna pÿknȯ̆ fräįlëna
na-χoįcė sėdzāla. Tūk nėn krȯl zlȯs ṡ kärētë a ṡēt sům wēbēzdrėc
a prȯsĭl-ju‘, mäla zlēsc. A wëna kruċėla glȯvů‘, żē-bë-nė́. Alē jėd-
näk krȯl-ju‘ wÿprȯsĭl, a wëna zlāzla. A vzo̧n-ju‘ sobů‘ f kärėty a ja-
χälë dȯ̆-dům.
Tak, jak prėjāχälë, tāk-so zȧ́ċ̨-ju‘ pėtäc, cȯ̆-wëna za-jakȯ̆ bëla.
A wëna dȯ-nēwē nĭc nēgȯ̆däla, lē-muÿ na-pȯlcäχ pučkāzȯväla, żē jĭṡ
mäla dvā ksÿżėcė dȯ̆-cėrpēna (sic!). Tak wën-jĭ dȯl swȩįy jĭzby, a
wëna tag-dlūguē bëla, jȧṡ-wëna mäla swȩįė dȯ-kůnca. A tėn krȯl
dȯ̆-nĭ käżdĭwē dnū zāzdrȯl. Tak prėṡēt jėdnĭwē dnū dȯ̆-nĭ: tė wëna-
sȯ̆ smäla ā-sȯ̆ zȧ́ċynë rȯ̆spuëvädäc fṡëtėrnȯ̆stkuē. Tak wėn-jĭ zȧ́ċu‘
gādäc, nė́χcäla wëna-bë jēwē bälka bëc. A wëna rēkla, że bëla bārzȯ̆
wÿbuēdżĭχ stārsëχ. A wën-jĭ rēk: »Jȯ̆ nė́χc mēc nĭc ĭnṡĭwē, jak
cēbė«. — »Ċė krȯ̆lȯva wēlȯ̆ jē, tė nė́χ-sȯ̆ stȯnė«. — A-sȯ̆ wēżėnĭlë.
A, jak prāvė jāχälë wėd-zdȯväńĭ, tag-jāχälë-jĭ brācė z muzĭku‘
na-kuēnäχ. Tak wëna zȧ́ċ̨na zārės plākäc wėt tĭ frēdë, że wēna-jĭχ
vēbāvȯnĭ mäla. E prėjāχ̨älë na-jĭ vėṡėtĭ. A bëla vėlgȯ̆ rādȯ̆sc a
wÿcėχa.
Tak nakȯzälë krȯ̆lȯ̆vĭ nȧ-wėny; muÿsĭl wēstävĭc bälky a įic nȧ́-
wėny. A jēwē mātka bëla nȯ̆-nÿ vėdnȯ̆ falṡėvȯ̆. Tak wëna bëla
χuerȯ̆ a mäla dvůχ sėnůf. Tāk na stȯrȯ̆ jēwē mātka pĭsäla lėst dȯ̆-
krȯla, że jēwē bälka mäla dvůχ psȯf puėrȯdzȯnĭ. A wėn pĭsȯl nāzȯt,
mėlë tag-dlūguē bėc, jȧż-bë wėn-sȯ̆ zjȧvĭl. A ta stȯrȯ̆ napĭsäla lėst
a napĭsäla, mäla zārės bėc ṡ tėmĭ dvůma psāmĭ strācȯnȯ̆. Tāk ta
stȯrȯ̆ dāla kātůf ȧläc ā-ju‘-vėvēsc prėċ, dālėk v lās. A tĭ kācė mėlė
sȯ̆bů‘ psȯf vzÿṫĭ. Tak wëna-jĭχ prȯsëla, mėlë-jĭ darȯvāc żėcĭ : wëna-
bë nĭjäk nėprėṡla nāzȯt, lē-bë vėdnȯ̆ v lėsė bëla. A tĭ knȯpĭ jĭṡ nė-
bëlë wėχcȯnĭ. Tak wëna sēdzĭ z nĭmĭ v lėsė a plāċė. A tĭ-kācė mė-
lė-jĭ rucė wÿcuṫĭ, cȯ̆ ta stȯrȯ̆ vĭdzāla, że wëna tėṡ zābĭtȯ̆ bëla. —
Tak jĭdů‘ dvaį wÿbuēdżĭ. Jėdėn bėl P'ȯter a jėdėn bėl Pāvėl; tak
wėnĭ-sȯ̆ ju‘ pĭtāįu‘: »Ċėṡ lë-bë nȯlēpĭ χcāla?« — A wëna rēkla:
»Jȯ̆-bë-rȯt, cȯ̆-bë tĭ knȯpĭ wėχcȯnĭ bëlë«. Tāk tĭ dvāįį jĭχ wėχcėlë. Jėdėn
bėl P'ȯter a jėdėn bėl Paul. A tė-sȯ̆ ju‘ pĭtāįu‘, cėż-bë wëna jĭṡ χcāla.

A wëna řekla: »Rôd-bë ryců mala«. — Tak wěńi-ji řeklë, mala f
ty řeky větknyc. A wěna větkla a čě vějyna, tě ryců mala. Tak
wěna-sď tak čěsěla a jima dzěkuěvāla. A wěńi-sď-jǘ pitājǘ, cď
wěna-bë jis χcāla. A wěna dzěkujję a ńic ńeχcě.
Tak wěńi-ji řeklë, rôd-bë-döχ jěsc χcāla. A wěna-jima řekla,
žě-sď zběrāla jāgurdě a jūdla. Tak wěńi-ji řeklë, mala-lě jic stěčk
dāli, tę-bë stójāla χālěpa a v jizbi běl-bë stôl nakrěti zě-fsětcim, có-
bë-lě wěna χcāla.
A stójôl stôl; a nā-tim-stóle ležělë dóě ksyksci a dóě rōzdži; tď
bělo dď-těχ-dvǘχ knôpǔf.
F tim přějąχôl krōl z wěnë ū-sď pitô zā-swěju‛ balku‛. A jěwě
mātka řekla: »Tě-döχ môl pisôni v lěsce, žě wěna mala běc stra-
cônô«. A wěn-ji řek: »Jô-döχ môl pisôni, žě tě psě mělě běc, jāž-bě
jô-sď zjavil«.
Tāk wěn-sď ozǫn těχ dvǘχ kutūf, cď-jô‛ větďzlě nā ten flāχ, dzě
wěńi-ju‛ wěstāvilë. A tę-ji ńěbělo. Tak wěn puěslôl těk dvǘχ dô-
dům a wěstůl v lěse sď-jisćycě a ukôl tag-dlūguě, jāš-wě nóc zāsla.
Tag-cidzi v lěse vil. Tag-jāχǔl-wěn dď-těwě-vida. Tę wěna sědzi.
A knôpi-sď wyjcu‛. Tak wěn prósi, môk wěn-bě web-nďc wěstāc. A
wěna-muy řekla, žě jó. Tak wěn-sď lěk nā-zďfę a spadla-muy nóga
zě-zďfë.
Tak wěna řekla: »Póter, bô, pućdńěsě pānë wěcě nôgę«. — Tak
wěn-sď měslil: »Môže-tď běc mučznď, žě tď môj sin jě?« — Tak wěn
spuyscil ryky v dōl; tak wěnu řekla: »Pūvěl, bô, pućdńěsě pānë
wěcě ryky«. — A f tim wěn-wě wyχvôcil a řek: »Sěně, jěs tě môj?«
— A wěn řek: »Jó, wěčě; jô jem vuš«. — Tāk-sď zūcy zārěs pělǔc,
jāk-tď zě-fsětcim bělď.
A wěna řekla: »Tě-vež-dôbře, žě-jǔ-mala-běc s těwě svāta zgla-
dzônô«. A wěn-ji gôdôl, žě tāk ńimôl pisôni, lě-mala běc, jāž-bě
wěn-sď zjavil. Tak wěn-ju‛ prósil, mô jāχāc z ńim dď-krōlěfstva.
A wěna-muy-sď ńěχcě dūc; buě mala strāχ pŕět-těmi-kātāmi, žě
wěna mala jima muěcno pŕěřěkli, žebě ńijāk f tď mastď ńepřěsla
nāzôt. Alě wěn-ju‛ jědnak prósil, mô z ńim jāχāc. Tāk, jak jaχālě
a bělě jǔ pōl-drôdži, tě plěně puě-řěcě těn stôl s těmi ksyskāmi a
rôzgāmi. Tūk něn krōl-sď pitô: »Cď tď jě?«
A wěna řekla[1]): »Tô-jě dď těχ sěnǔf; a jô-tď zāběla vzic

---

[1]) Ich hörte auch »wěnā-řekla«.

sǒbú̇"?« — Tāk těn krōl-χcē zū-tīm zlēsc; a wěna něχcē-muÿ dāc, lě-χcē sāma zlěsc za-tĭm. A krōl-ju̇‘ prǒsi, mǒ-sědzēc; a-wěn-χcē zlěsc a ālǎc. Alē tǒ-sǒ-muÿ ňědālǒ wÿχvācěc. Tak wěn-sǒ bārzǒ dzěwěvǒl, cǒ-tǒ muěglǒ běc. Tak wěna muÿsěla zlēsc sāma a zārěsci tǒ dǒstāla.

A tě jaχālě dāń, přěja̧χālě do-krōlěfstva z vělgu̇‘ wÿcēχu̇‘. Běla zārěs vělgǒ mūzĭka, jak krōla s krōlěvu̇‘ vĭdzělē. A ta stǒrǒ-mūla strāχ, cǒ ňěvědzāla, dzē-sǒ skrěc mūla. Tāg-jak zlězlě, tāk-sǒ krōl pītǒl zā-swěju̇‘ mātku̇‘, a ńimuěglě-ji ńizdzě nālēsc. A běla wěna třě dńi prěč. A ten krōl zrǒbil jǐs-rǒs diχfiχ věsěli, a f tīm čěsělīm ta stǒrǒ přindze; ā ti pānotě mělě prāvě dǒ-rādě, cǒ-bě tāčimuÿ třeba bělǒ zrǒbic. A wěna zārěs věvřěści: »Ńic vici, jak nā-puěle věvēsc a pǒl zākuěpǎc a tě zělōznēmi brǒnāmi rǒstārgǎc«.

Tak fsětcē zāvřěščělě: »Urá! Jāk-sǒ zavÿnsǒvāla, tāk-sǒ s tǒbų stōńe!«.

5. Fuchs und Wolf II (vgl. II. a. 1. S. 16).

Jāχǒl rǒs jěděn χlǒp s fōru̇‘ slědzāmi. Tak jědzě a vĭdzi, že lězi lěs v rǒvě. A měsłi wěn, že těn lěs jē zděχłi. Alē dǒ-sǒ wÿχvācěc a nā-ōs vlǒzĭc (sic!). Tak jak jědzě z nīm lěsę, tāk-těn lěs-sǒ zācně slědzě nā-zēmę zdřěcěc. A jāk-ju̇ mǒl tak-zāχt zdřūcōni, tak zēskuěkňě v dōl a zācńě-sǒ fsětci dǒ-grěpě znāsǎc. A-nen χlǒp čěstǒ zāběl wě-newē lěsa ā-sǒ ńijak ňěwēbzěrǒ. Jās jē kuěl-dǒ-dǒmuÿ, tē-lē mǒ pōl-fōrě slědzi — a lěsa ńima.

A-něn lěs mǒ diχfiχ děě grěpě-sǒ znǒsłi. Tak přindzě vilk ā-sǒ pītǒ: »A dzěs-tě-tǒ, brāčě, wÿlǒvil?« — A lěs-muÿ řěk: »Kuě o muěřě jǒ-tǒ wÿlǒvil«. — Tak vilk-muÿ řěčě: »Xcěma-sǒ dzělěc tē rěbě nā-pōl«; a lěs ňěχce nō-tǒ přestac, lē-mǒ-ịc a-sǒ sǔm wÿlǒvic. Alē vilk-muÿ řěk: »Alē brāčě, jǒ ńimuěgų; půdzěs-mē navÿcěc«. — Tak lěs řěk: »Ně-jǒ, tě-lē pǔdzěma nā-muěřě«. — A-běl diχfiχ vělděi mrōs.

Tāk těn lěs-muÿ řěk: »Těrǒs-lē vlězě v muěřě a větkni wěgūn diχfiχ glębuěk; ā-jǒ wěstōnę na-krāịů, a čě jǒ-cě řěkę, tě-wē viměs«. A vilk nō-tǒ přestōl. Tak sědzi v muěřě a wěgūn třimǒ žē-sǒ māju̇‘ čěsǎc nā-těn wěgūn. Tāk-sǒ zā-stůt pītǒ lěs: »Prōbōị-žē věịc, bdzē-wěn cǒ cęści«. Tak vilk prōbuịjě a-jě-ju̇ zāχt cęści. A lěs-muÿ řěčě: »Třěmǒ-lē, brāčě, jǐs stōcěk, tě-bdzěs-mǒl vici, jak-jǒ«. — Tak zā-stůt lěs řěk: »Těres vimi wěgūn dǒ-gōrě«. A vilk prōbuịjě, ale ńimóżĕ. A lës χuýliśkuē wýcēk dў-swēįĭ dzūrë ā nӳn strŏdnĭ ŏilk tēn sӳdzi a vëįĕ a ńimóżĕ wëguēna vӳvlĕc. E bĕgŏ pēs vēdlӳ-muĕła a zāćńe nā-ńewē ŏilka lāįӳc, jās-sӳ dŏćĕįu' lëdzĕ ā-sӳ zbēgāįu' dӳ-nēwē ŏilka; prindu' zē-sečērūmi a zāćynē nēwē ŏilka prāc. A ŏilk vëįĕ ā-sӳ ńick puēmuēc ńimóżĕ, jās-sӳ wýrwŏll wēgōn a tē wýcēk. A-ni fśētcē za-ńim bēgālë, jāś-wē dóstēlë ā-wē zābĭlë.

d. Gnezdau.[1]

1. Wie man Sorgen bekommt.

Tӳ-bĕlā bāba a wëna ńǔmā klópuētĕ. Tak wĕna-sӳ kūpǐla pró-sy a nazvāla-jĭ Pēda: tē māla būba klópuēt. Řēkla wēna dӳ-Pĕdē »Olālĕ Pēda! kūpę jŏ-sӳ pēska«. Ale pēs ńeχcūl Pĕdë grësc. A Pēda ńeχcāla f χlēf jīc. Tē māla bāba klópuēt. »Olalĕ pēskuý, kūpę jŏ-sӳ puēvrūs«. Ale puēvrūs ńeχcūl psā ŏĕśӳc: māla būba klópuēt. »Olale puēvrōs! hālūįę jŏ-sӳ mēś«. — Mēś ńeχcā puĕvrŏza grësc: māla bāba klópuēt. »Hólule mēś! hālaįę jŏ-sӳ kuĕta«! — Tē tū kuĕt dӳ-mĕśē, mēś dӳ-puēvrŏza, puēvrōs dó-psa, pēs dӳ-Pĕdē, Pĕda f χlēf a bāba f smĕχ.

2. Der einfachste Ausweg.

Tӳ-bĕl rŏs jĕdӳn χlóp; a tē wӳn jāχūl dó-lāsa za-dębę. Tak-tĕ, jak-wӳn-tę přējāχūl, tak tē ńiżōdni drŏdjē ńĕbĕlӳ dāli. Nӳ tak-tĕ wӳn-sӳ mēslĭl »Dzĕś jŏ tū nāvrūcy?« Tak-tĕ bĕl śónyk, tak wӳn-sӳ mēslĭl: »Jŏ-muӳśę puē-tĭm śóniguý navrócēc; buē tū dāli dróga ńējĭdze«. Tak jak wēn mŏl navrūcŏni puē tĭm śóniguý, tak přēśēt lӳsni ā-muý řēk: »Xlópe, tū ńiżōdnē drŏdjē dӳχ ńǔma, a vē puē-tĭm śóniguý mŏce navrŏcŏni«. — A ten χlóp-muý řēk: »A dzĕś jŏ-mām tū navrācūc, ćē tū ńiżōdna dróga ńējĭdze dali? Tak jŏ muýśil puē-tĭm śóniguý navrócēc«. — Tūk tӳn lӳsni-muý řēk: »Jŏ-vās mūm pӳndovŏni«. A ten χlóp-muý řēk: »Ćē-jŏ, tē-jŏ«.

Tak-tĕ tӳn lӳsni-wē wýdūl. Tūk ten χlóp dóstūll termĭn. Tak jak wēn přēśēt nā-syt, tak wēńi-muý řēklë: »Ten lӳsni-vas mŏ pandӳ-

---

[1]) Der Erzähler der beiden folgenden Texte, ein junger Mann von 22 Jahren, hat in folgenden Ortschaften gelebt: Reddischau, Werblin, Celbau, Gnezdau. Nach letzterem Orte ist er noch in seinen Knabenjahren gekommen.

vôni, że vě jaχālě puē-sónįguÿ«. — A ten χlóp jïma řek: »Mučįi pånďcě, dzěż-jô môl jāχäc, cě tę dālï dróga něśla? Tak jô-muÿśïl navrôcëc puē-tïm-sónįguÿ«. — Tak-tě wěńï-muÿ řeklě, tï sydzï: »Vě môce stracôni, vě mujśice zaplācëc tę skuēdę, cď vě môce tę f tïm sónįguÿ puērďbóńï«. — A wěn-jïma řek: »Mučįi pånďóc, těwē jô nězāplācę, χuśc-tó přet-sǻměwē krōla přindze«.

Tak-tě wěńi-sď tak dlūguē skāřělě, jěs wěńi přet-sǻmiwē krōla přěślě. Tak jak wěńï přet-sāmïm krōlę přěślě, tak krōl-jïma řek: »Tak va-jěsta tū fśětcë zěślô«. Tak wěn-jïma věstāčil fśětcïm stōltχě, a tě-jïma řek: »Těrěs-sď tū fśětcë sådńita zā-rěχų. Tak jak wěńï fśětcë sědzělě, tak-tě ten χlóp, cď ten lěsnï môl wěskaróni, ten sôt děχt kuěl-krōla; a tï jěwē ministrďćě tï dókuēla. Tak jak wěńi sědzělě, tak ten jěděn wět-těχ ministrôf jědniwē třās ā-muÿ řek: »Slě dāli«. Tak wěńi děrχ bïlě jěděn drědjïwē, jěś-tď přěślď nātěwē-χlópa, cď-bě wěn môl krōla wÿděřěc. A wěn-sď, ten χlóp wÿkrųcïl ě řnǫn těwē, cď kuěl-něwē sědzěll, nā-pěsk ā-muÿ řek: »Tąg_dóbřě, jak jô muÿśïl v nïm sónįguÿ navrôcëc, tak jô muÿśę tū: buē tęm něśla dālï dróga, tak tū těś ńě«. Tak tě, jak wěn tď řek, tak nūįjěsněśi krōl fstōl a řek: »Dóbře, môį sěńe, zróbïl; buē, żě-bě jěs môl-mě třāsli, tě-bě jěs môl stracôni; a tāk môś dďbětě«.

IV. Aus dem Dialect von Putzig und Polzin.

a. Putzig.

Ein Retter aus mancherlei Noth.

Běl-to jěden mlǒdï pōn, barzo buěgātěχ starśěχ. Tak těn-χcǒl ten sďāt wÿvądrovāc. Tāk-so vzųn ćele peïnįdzï mět a χcǒl mųdrosc nābrac co f sďēce puěχuědzělo.

Tak přěśet do-jědniwuě krōlěfstva. Tak ten krōl jewuě-so zāpïtǒl, dzě wěn χcǒl vądrovac. A wěn-muÿ wětpuěćedzůl, co-bě f sďēce puěχuědzělo.

Tak wěn-muÿ řek tāk: »Wÿ-mě je ćelgü bēda z wuědų, ńïma żōdně wuědě«; a ćě-bě-so môk wÿdoćedzec, jāg-bě lětćïm spüěsobq-bě môk wuědą dostāc. — Tak wěn wÿ-ńewuě wuěstůl do-drědžïwuě dńā.

A tě šed dalĭ; tak tě přešel zôs do-jědniwuë krōlěfstva a-so pitůl: »Co noviwuë slěχăc?« — A ten krōl-muÿ wětpuëöĕdzůl: »Jô-môl cōrkq, ta běla barzo mlodô ā-ła v uëgrōt špacěrų a zdjîną a vici-so nĕnālāzla; a jô-důl fśqdze piśuc a meldovăc, có-bë-so nă-lāzla«; a tχě-bë wěn-ją mōk věšěkăc, tāg-bë jěmuÿ barzo vele zá-plăcił«.

Tak tě šed dalĭ, přešet zôs do-jědniwuë krōlěfstva ā-so pitůl zôs, co tam slěχăc. Tak věšet do-něwuë krōl ā-muÿ řěk tāk: »Jô-mům trě bōmě, a tě bōmě māių zěmą ë lāto lěstě; a jědna bôma-mô żōltĭ lěstě, ta drěgô-mô čeřŏóni a ta třěcô-mô bŏłī. Tag-jô-bë rót-χcůl vědzĭc (sic!), co to mô znăčěc. Tak-so věpětů a tě-mě přindzeš puëćĕdzěc«.

Tak šed dalĭ bārzo dālěk lāsą ë gōrų, přešet do jědniwuë dôlě; tak vidzůl, tak stōįůl jěděn żōlnĭř a-so pitůl: »Dzeš tě tů brāce jidzis?« — A wěn-muÿ řěk: »Jô tů jĭdq za-mųdróscāmi«. — A wěn-muÿ řěk: »Tχě-bë tě mōk-so wÿdovědzĭc (?), jåk-tů ze-mnų stōįi! Jô tů stōįą bārzo dlūguë, pôrě lāt ā-mě ńiχt ńeaplězěįe. Tăk-so wÿ-dōtĭš a tě přindzis (?) ā-mě puěvĭš(uě!).

Tak šět zôs bārzo dālek zdróįāmi ë lāsą pôrě dńof ë přeslo-muÿ že běla nóc. Tag-vidzůl přet-sobų môlĭ vit; tak nō-nen vit jĭdze; tak přindze do-jědni môlĭ χălěpě a jĭdze běnnen. Tak tam běla f tĭ χălěpě jědno mlodĭ dzěfćą ā-muÿ řěklo: »Dzeš vās pōn Jězus tů přeslůl?« — A wěn-jĭ řěk: »Cěmuÿš?« — A wěna-muÿ wětpuěĕ-dzāla(ē!): »Tů jě jěden puěžěrca, ten lědzi puěžěrô; tak to-mdzē bārzo zlě z vāmi!« — Ale wěn řěk: »To ńemdze doχ tak zlě, jak tě měslĭš«. Tak wěn-jĭ fsětkuë puěćĕdzůl, có-wěn f svěce čůl.

Tak wěna fsětkuë to wÿpamątała, dăła jěmuÿ věčěrą a-řěkla jěmuÿ: »Jô vězną v bālěįą wuědě, a vě-so v ną bālěįą wuědě lěgńice; tak wěn-vās ńewÿckńe; buë¹) wěn-mdzē vnět dóma«.

Tak ńevārô dlūguë, tak-wěn lěci. To tak šěmało a tātχi vätr běl, jěš-so χōįči třěścelě. Tāk-wěn přesed-o jizbą a řěk: »Tě môš město tů dze co stěžiwuë; tů děχt wěnů (!)«. A wěna řěkla: »Tāt-kuÿ, tů ńic ńima; to le tak tóbe-so vidzi; môže tě v drôdzě-dzě kuě-wuě dóstůl«. — A wěn řěk »Jó, jô jědną bålką pôlk (sic!), jak jô lěcůł«. — A wěna-muÿ řěkla: »Ně jó, vě-le, tak tů ńic ńimā!« — »Ně-jó, tě mě nôpřůt bųdzeš viskāla«. — Tak wěn pušložił glóvą

---

¹) sive »puś«.

nā-jĭ lóno, tak wĕna jewuë zāčą ŭĭskăc. A wĕn mŏl v glove vele pŏr, tĕ-muў bĕlŭ pŕĕrósli. Tak jak wĕna-wuë štōčĭk vĭŭče, tak wyχvŏcĕla jewuë zā-nŏ pōro a puĕtargną. A wĕn ŕēk: »Čĕŭ-mḗ tak tārgŭŭ?« — »Nĕ, vĕ-le tātkuў : Mʼē-so snĭlo dopĕŕĕ, že v jĕdnim krōlĕfstve ńima žōdni wuĕdĕ«. A wĕn ŕēk tāk: »Ten ńĕrūdni krōl! za-jewuë krōlĕfstvą zārĕs je tāči vĕldjĭ kām, a čĕ-bĕ wĕn ten kām dŏl puĕdńeso, ale bārzo do-gōrĕ ńĕ, tak wĕn-bĕ mŏl wuĕdĕ, tĕli jāg-bĕ wĕn χcŏl mę̆c (sic!). Čĕ-bĕ wĕn jĕwuë zā-barzŏ puĕdńŏs, tāg-bĕ to cŭli māsto wuĕdą-bĕ zaplĕną̈«.

Tak wĕn zŏs dŕimŭl a wĕna-wuĕ wyχvŏci zā-no drĕdjĭ pōro. A wĕn ŕēk: »Čĕŭ-mḗ dĕrχ dzis štŭrŭŭ?« — M'ē-so snĭlo zŏs: wy-jĕdniwuë krōla są tŕĕ bōmĕ; a jĕdna mŏ bŏli lĕstĕ a jĕdna čeŕóŏni a ta tŕĕčŏ-mŏ žŭlti«. — Na, ten glŭpi krōl! a wĕn-so ńĕvi ˌžōdnĕ rādĕl Ńǎχ-le wĕn tĕ bōmĕ vĕkuĕpe, tak puĕt-kāždi bōmĕ są, jāči lĕstĕ, tātχi pĕńądzĕ; tak wĕn mŏ pĕńądzi barzo vele«.

Tak wĕn wydŕimŭl zŏs; a wĕna wuĕ zŏs zā-no pōro puĕtargńe. A wĕn ŕēk: »Čĕŭ to tóbe-so dzis tak vels plĕńi? (= sńije), nĕ jes-tĕ tak sṕącŭ bārzo?« — Ale ńĕ, tātkuў, dĕχt tak bārzo ńĕ; mʼē-so zŏs snĭlo, že wy-jĕdniwuĕ krōla sla mlodŏ cōrka v uĕgrōt ĕ zdžiną̈ a-so vĭčĭ ńĕnālāzla«. — Nā, co-tĕ-mĕ puĕvŏdŭŭ? Kuĕ tĕ jes ta cōrka tewuë krōla; tĕ bĕla v uĕgrodze a jŏ f ten-čās tam pŕĕlecŭl ĕ-ce vzǫn; tak tĕ tērĕs jes wy-mĕ ĕ-muўŭiŭ bĕc dĕrχ«. — Na, ale tātkuў, jākuŭ jŏ-bĕ muĕgla stąt rŏs rūt pŕinc?« — A wĕn ŕēk: »Čĕ-bĕ tŭ jĕden člověk pŕĕšel ā-ce wyχvŏcil za sĕrdečni pŏlc (za vestŕidni pŏlc), a jŏbĕ tĕ muўŭil spāc, ā-ce tŕimŭl zā ten pŏlc a-ce dĕrχ prōvādzil, jĕŭ pŕĕz-grĕcą, tĕ jŏ-bĕ-ce vĭčĭ ńĕdostŭlu«.

Tak wĕn wydŕimną̨n zŏs; a wĕna jĕwuĕ zŏs wyχvŏci zā no pōro. Tak wĕn zāčąn dĕχt jū vādzic (!): »Čĕŭ-na svĕce mŏŭ dzis za sarpāńi? Dĕrχ mĕ karpŭl a ńĕvikčiŭ?« — »Mʼē-so zŏs snĭlo, že tŭ stōjĭ jĕden žōlńĭŕ na-vāŭe a dĕrχ stōjĭ. Rŏd-bĕ χcŏl s tĭ počtĕ bĕc aplĕzovōni«. — A wĕn ŕēk: »Nĕ, ten žōlńĭŕ glŭpi, bĕ tąm χto vĕdle ńewuĕ jĭdze, tak ńeχ tą jevĕrą ŕńe a ŕeče: »Rŭc-rŭbāŭ!« tak ten ją muўŭi vzic, co tą jĭdze, ĕ stōjĭc (sic!); a ten jĭdze, co tam stōjŭl, zŏs do swuĕjĭwuë dōma. Ale ten glŭpi žōlńĭŕ-lĕ wuĕ-tim ńĕvi ā-muў nĭχt wuĕ-tim ńepuĕči; puĕ[1]) tam diŭ nĭχt do-ńewuĕ ńepŕindze«.

Tak tĕ wĕńi-ŭlĕ spāc. Jak wĕn-bĕl wyŭńŏmi, tāk-wĕn vĕlŏs z ńi

---

[1]) = buč.

bāłëję wuëdë ā-ją wýχvŏcil za vestřidni pŏlc ā-so nabrāłë ćele dóbra ë pėńądzi ë-tē śłë. Tak přëśłë do-ńewuë, co tam stōįŭl pŏćtų. Tak-muÿ puëćēdzē-łë, jāk-mŏl zrŏ̌bic. »Tū jĕden přēlēci, tak řūcis tą jĕvērą a řećei: »Răc-răbăs!« a wĕn ją muÿśi vzic ë stōįic (!)«. Tak jak bĕłë wĕd-ńewuë wuëdēśli ë bĕłë préz-gręcą přëśli, tak wĕn ją zū-nen pŏlc puÿscil. Tak tē pużērca wuëcūcil, tak wĕn tū za-ńimi. Tak wĕn přēlēcūl do-ńewuë, co tam stōįŭl pŏćtų. A wĕni tēś bĕlë-le dëχt përną wuëdēśli wĕd-ni pŏćtë. Tak jak wĕn lēcūl, tak wĕn, nĕn żŏlńiř, řēk: »Răc-răbăs«. Tak wĕn-ją muÿśil vzic, ną jĕvērą ë stōįic (!). Tak wĕn nim dwuëguÿ grŏzil ë-ji-řēk tāk: »Tē sŏbākuë, ćĕ-bĕ jŏ-mŭl tobe to ćēdzŏni, jŏ-bĕ-cē mŏl wÿgardlŏni.

Tak tē wĕn do nēwuë krŏla přëśet, dzē-no żŏdni wuëdë ńébëlo. A nen krŏl-muÿ řēk: »Na jākŭś? Wÿdovēdzŭl jes-so dzē-co ćÿ (!) ńē?« — A wĕn řēk tāk: »Răda jē; tām-jē kām ćēldżi; tak krŏl dŏ ten kām pŏdńĕsc (!), ale bārzo ńē, do-gŏrë: puë ta wuëda-bë zála cālī māsto«. — Tak nen krŏl to dŏl probuĕvăc ë mŏl wuëdë teli jak wĕn χcŏl. Tak jĕmuÿ bārzo ćele zō-to zăplăcil.

Tak śłë zŏs do-ńewuë drēdżiwuë krŏlēfstva, dzē nĕ bōmë nĕ lĕstē mēlë. Tak krŏl-so jĕwuë zăpitŭl: »Na jākŭś jes-so dŏvĕdzŭl wuë tē bōmë?« — A wĕn řēk: »Tē bōmë, ćĕ-bĕ krŏl dŏl vĕkuëpăc, tak puët kāżdų bōmų sų pėńądze tātχi jātχi kāżdŭ lĕstē mŏ«. — Tak wĕn dŏl vĕkuëpăc, a bĕlo puĕt kāżdų bōmų ćele pėńądzi. — Tak wĕn jĕmuÿ dŏl zō-to ćele pėńądzi tēś.

Tak śłë do-ńewuë třeciwuë krŏlēfstva, dzē-no na cŏrka bĕla zdji-ńŏnŏ. Tāk-nen krŏl jĕmuÿ řēk: »Dŏvēdzŭl-jĕs-so dzē wuë-mu͏̈ją cŏrką?« — A wĕn řēk: »Tū, krŏle, wĕna jē; tāk-muÿ fśĕtkuë puë-ćēdzŭl, jāk-muÿ puėχuëdzēlo. Tāg-bĕla ćelgŏ frēda ë ćeldji bāl, że cŏrka bĕla nalāzlŭl. A krŏl jĕmuÿ řēk: »Ćĕ-jĕs ją vĕśūkŭl, tak tères-so z ńų wuëżēńi!«

Tāk-so z ńų wuëżēńil a żĕlë bārzo dobře.

b. Polzin.

1. Der ausgelernte Dieb II (vgl. II. a. 6.).

Jĕdĕn bżūr [1]) mŏl třęįĕχ sënŏf; ti dvāįi śłë f sŏăt ā-tĕn třĕci-so wÿcil krāsc. Wĕn řēk: »Wēćè!, daįcè mĕ mōį dzēl, a jŏ jidą prēć

---

[1]) sic! = żbŭr.

wët-vås«. — Ten wëc-muĭ dől, cö jĕmuĭ slëχalŏ. A wën sēt pr̄ĕs jĕdĕn lās, nåtrāfχil tę raįbrŏf. Tĭm wën r̄ēk: »Mŏk jŏ-bĕ-sŏ tū wy̆-vāįĭ vëwy̆cĕc krāsc?« — Tēn nŏstärsĭ wët tĕχ raįbrŏf muĭ gŏdŏl: »Ziχĕr mĕ-cē vĕznĭmĕ dŏ-nāsĭ rŏbuëtĕ, ălē tĕ muy̆sĭs dŏbr̄ĕ nās slĕ-χăc (!)«. — Wĕnɔ-r̄ēk: »Jŏ zrŏbq tŏ, cö vĕ-m̆ĕ röskŏzĭcĕ«.

Tāk pχĕrsĕwuĕ dnå wĕnĭ slĕ sĕra krāsc. Jak wĕnĭ tq vlēzlĕ dŏ-gōr̄ĕ, zåcŏn-wĕn tr̄ŏsk rŏbĭc ā tĕ klŏcĕ sĕra puë tĭm pr̄ętr̄ĕ kuy̆lăc. Tĭ insĭ rąįbrŏvĭ (!) skalŏvālĕ a wy̆cĕklĕ do swúëįĭwuĕ dŏ-domuĭ. Wĕn-sŏ skrĭl f plēvĕ, jāk tĕn guĕspuĕdŏr̄ z vĭdq pr̄ĕsēt å-χcŏl vĭdzĕc, cŏ-tq-sŏ dzālŏ. Wĕn vĭdzŏl zē nĭχt tq nĕbēl a mĕslĭl, zē-tŏ strŏsalŏ; sēt nāzŏt spāc. A nēn raįbĕr, cö tq wuĕstŏl nå-tĭm-pr̄ętr̄ĕ, sŏ-nābrŏl nēwuĕ sĕrü cālĭ m̆ĕχ a sēt dŏ-tĕχ-insĕχ raįbrŏf. Tę wĕn-sŏ vĕsmŏl z nĭχ, cēmuĭ wĕnĭ wy̆cĕklĕ.

Ten rŏk bēl dŏ-kŏncå å-wĕn-sēt dŏ-swúëįĭwuĕ wĕca nāzŏt. A r̄ĕk: »Wēcĕ, tĕr̄ĕ jŏ-jĕm vëwĭcŏnĭ tāk krāsc, zē nŏ-m̆ę nĕpr̄indzĕ«. — Jĕdĕn pŏn tĕn-sŏ-tŏ dŏvĕdzŏl a dŏ-sĕ-wĕ zåwëlŏl. Wĕn-muĭ r̄ĕk: »Cĕ tĕ-įĕs tāk krāsc vëwy̆cŏnĭ, tē wy̆krādnĭs(!)-m̆ĕ múëįĭwuĕ kuĕnå. Jŏ-cē dŏm jĕs dzĕvĭnc-sēt mārk a tēwuĕ kuĕnå«. — Wĕnɔ-r̄ēk: »Tŏ-jŏ zrŏbq vŏm dĕχt lētkuĕ«. Wēblĭk-sŏ zā-stŏrų babę a jĭdzĕ f tĕn χlĕf. Tę dvāįĭ kuy̆crŏvĭ pāsŏvālĕ tēwuĕ kuĕnå. Tŏ bēlŏ v zĕm̆ĕ å-jĕz dĭχlĭχ mrŏs dŏ-tēwuĕ, ā na båba-jĭχ prŏsĭ, wĕnĭ mĕlĕ ję mĕt f χlĕf vzĭc, zē tŏ bēlŏ bārzŏ zĕmnŏ. Tāk tĕ wĕnĭ puĕzwuĕlĕlĕ, zē må-lē pr̄inc dŏ-nĭχ. Wĕna sla å-må buĭdlę snāpsĕ a gŏdå, ĕz-lĕ wĕnĭ-bĕ tĕs-χcēlĕ pχĭc. Wĕnĭ-sŏ nĕdēlĕ prŏsĕc, lē-pχĭlĕ strām. A zā-pŏlguĕ-dzĕnĕ wĕnĭ wy̆snęlĕ; buĕ f tĭ buĭdlĭ bēl slŏbdrqk. Tē tēwuĕ jĕdnĕwuĕ ta båba, cö tĕn raįber bēl, puĕsādzĕla nå-rŏpq jāk na-kuĕnå, ā tēwuĕ drĕdzĕwuĕ wĕna puĕsādzĕla kuĕl-dvĭr̄i zåm̆ăst nåχtvăχträ. A-sŏ vzę nēwuĕ kuĕnå dŏ-dŏm.

Tāk nen pŏn, jāk wĕn puĕr̄ĕn fstŏl a vĭdzŏl, jāk tĭ dvāįĭ wy̆pā-sŏvālĕ, muy̆sĭl-wĕn-sŏ smŏc. Alĕ tĕs bēl nå tĕχ dvŭχ bārzŏ rŏzzårtĭ, zē wĕnĭ-muĭ tēwuĕ kuĕnå dēlĕ prĕc vzĭc.

Tāk tĕn pŏn drĕdzĭ rŏs-muĭ r̄ĕk, nĕmuĭ rąįbrŏvĭ, ĕzlĕ wĕn-bĕ swuĕįĭ pānĭ pχĕrscēn vzŏn z ręcĭ. Wĕnɔ-r̄ĕk: »Tŏ jŏ zrŏbq, vzŏn jĕdnĕwuĕ trūpa, sēt dŏ-wuĕkna a gęmbq pr̄ĕlŏzĭl. Tāk nĕn pŏn vzŏn swuĕįę flĭntĕ a str̄ilĭl prŏstŏ pr̄ĕz-wuĕknŏ nå-tēwuĕ trūpa. Nēn raįbĕr puy̆scĭl tēwuĕ trūpå a wy̆skuĕk zā-stronę. Nĕn pŏn-sŏ vzŏn spŏdę a sēt nēwuĕ trūpå zākuĕpăc. Nĕn raįbĕr fskuĕk v jĭzbq dŏ-nĭ-pånĭ a-gŏdŏl puĕ-pånŏvĭ gŏlcĕ, zē må-muĭ tĕn pχĕrscĭn dāc, zē wy̆-nĕwuĕ

wën bël zïχĕr. Nā pắnï-muï dỗ nĕn svōį pχĕrscĕn ā nĕn raįbĕr jĭdzĕ
z ńim dó-dŭm. Ten pōn přindzĕ a řek: »Jó-wuë mōm lĕrĕ zāgřĕ-
bŏnï; ălĕ mŏż-lĕ tĕż ten tvōį pχĕrscĕn kuël-sēbĕ (sẹ̆)?« Wĕna řēkla:
»Tĕ-wuë dŏχ dŏpχĕřë vzōn wĕd-mė́«. — Nĕn pōn řek: »Tĕ wĕn-wuë
jū mŏ«. — Muÿżil-muï| tĕsįc lalārŏf zāplacëc ā lĕn pχĕřscĕn-muï
jĕż-tĕż wuĕslāvïc.

2. Das Glück des tapferen Schneiderleins.

Jĕdĕn knŏp-so wÿčil zā-krŏfcă. A jăk wĕn jū bël třécĕwuë ró-
kuï, ṡet-wĕn nā-tïsńĕ ā-sö wÿrvŏl fuÿl grōsc vïšin. Jāk wĕn sēdzŏl
a šïl, tāk nā-tï slĕdnï tïsńï wÿsādlō-muï sētmĕ muÿχ. Wĕn třās rękį
a zābïl fšëtkuë sētmĕ dó-rāza. Tāk-wĕn řek dō-swúëįïwuë pāna:
»Jō-jĭdę̆ prēč wĕt-vās«; ā-sö nā́-pχĕrsä vĕšïl: »jĕdĕn krŏfc, cŏ sētmĕ
dó-rāza zābïl«. Wĕn šēt, sŏ-nāpχïl dȋχtȋχ a přĕšēt v jĕdĕn lās. Tą
wĕn-so lĕk a spŏl.
  Jāχŏl prāvĕ krōl přēs-tēn lās a vïdzŏl ńïcö vĕpχïsŏnïwuë na
swuëįï (!) jăcĕ. Wĕn puĕslŏl jĕdnĕwuë bĕdïntra dó-ńĕwuë, żē mŏl-
wuë zbuïdzëc. Tĕn bĕdïntĕr přĕšēt dó-ńĕwuë a vïdzŏl, że wĕn mŏl
nā-swuëįï jăcĕ vĕpχïsŏńï: »Jĕdĕn krŏfc, cö sētmĕ dó-rāza zābïc
mōżĕ«. — Tĕn bĕdïntĕr dŏstŏl strāχ a ńĕχcŏl zbuïdzëc; lĕ sōm krōl
muÿṡïl ṅïc a zē-strāχę̆-wuë zbuÿdzëc. — Tāk nēn-sö puĕrvĕ, jăk wĕn
χcŏl tĕwuë krōla dó-rāzā zābïc. Tĕn krōl z ńïm s pχĕrsä dōbřĕ gŏ-
dŭl ā-wuë dŏstŏl nā-swuëįą stronq. A řek-muï: »Čĕ tĕ jĕs lāci
muëcnï χlóp, cö dó-rāză sētmĕ mōżĕ zābïc, tĕwuë jō-bĕ brĕkuëvŏl«.
Wĕn-wuë vzōn nā-svōį hōs a jāχŏl z ńïm dō-swuëįïwuë dōmuï.
  Jāk wĕn tę přĕjāχŏl, tāk wĕn-muï řek: »Jō-cĕ dōm třĕ řēcĕ dō-
zrōbēńï. A čē tĕ tĕ zrōbiš, tē jō-cĕ dōm muĕįą cōrką a muĕįĕ cāł
krōlĕfstwuë«. — Wĕna-řek: »Jō, jō; cĕż tö māįų bĕc zā třĕ řēcĕ?«
— Tĕn krōl-muï řek: »Jĕdna dzĕkŏ (dzëvŏ) svïńa, tā mŏ šĕsc prōsc;
čē tĕ tę zgladzïš, tē pūdzĕš (sic!) f tĕn lās a tę jĕ jĕdĕn hŏl, tĕn mŏ
jĕdĕn rōk, ten fšëtčëχ lĕdzï puĕbŏdŏ; a čē tĕ tĕwuë zgladzïš, tē tĕ
jĕś jĕdnę̆ rōbuštę̆ muÿšïš zrōbic. Dwāį štōlmōvï tï f tūm lĕsö sų a
każdĕrnï dzēń jĕdnĕwuë χlópa muÿsų dŏstăc dō-zjĕdzēńï (dō-zĕr-
żēńï)«.
  Tāk wĕn řek: »Dāįcĕ mė flįtę̆ a šāblę̆«. Nĕn krōl-muï tö dŏl.
A wĕn šēt v nĕn lās. Jāk wĕn vïdzŏl nę̆ svïńę̆, tāk wĕn zāčōn wÿcö-
kăc. Alĕ na stïńa bĕ-wuë vnētkę̆ mā. Tāk wĕn fskuëčïl v jĕdnq

káplëcę, cö tą stóją. Nā stîna fskuëkla zā-ńim a wën vëskuëk χuý-
tiśkuë wuëknę, cö wýgörë bölö. Wën wuëblajcöl f köl ti káplëcë a
zāmk nę stïnę f tę kāplëcę. Të wën vzōn swuëję flįtę ā-ję wýstřilil.
Të prosęta wën vzōn v jëdën mëχ a zāńōs tēmui kròlòòi. Tak ten
kròl řek: »Jëdnę róbuëtą të môś fārdíχ. Tërë jëś tö dóé. Tërë
pûdzîś a hâlûś-mś tëwuë wuëla. Wën-sö vzōn a lël. Jāk-wën vidzöl
tëwuë wuëla, tāk wën wýcikôl; ā nēn hōl za-ńím. Wën skuëk zā-bōmę
ā tēn hōl vś-svųgui bël: tāk wën tēn rōk přes-tę bōmę přëbōt. Nēn-
wuë vzōn a χuýtiśkuë wýstřilil. A të-wuë s ti bōmë vëvlēk a-śét dö-
kröla. Të wën řek: »Kròlë, ta drëgô róbuëta jë zrobônôu. — »Tërë
jëś tā třecôu, řek tēn kròl, »tö jë ta nôguërśôu.
 Wën-sö vzōn a lël. Jāk wën přëśët dô nëχ śtōlmûf, tak ti lë-
żëlë a spālë. Wën-vlôs nā-bōmę a ftricóvöl třë kāmëńś dö-gōrë. Tą
wën tēmui jëdnēmui prósto nā-nōs spuýscil. Tāk tēn pwërvôl-sö a
řek: »Cëś të mś bůiś(!)?« dô swuëįiwuë brāta. A tēn řek: »Jô cë
ńick ńëröbqu. A spālë dāli. V ńim wën spuýscil zös jëdën kām nā-
tëwuë drëdżëwuë. Tāk tēn řek: »Jēm-jô-cē cö ćińël(!)?« Tāk tēn
řekį: »Jô-cē ńick ńëröbę; dāį-më puëkuįu. Alë v ńim wën spuýscil
tēn třeci kām nā-ńëwuë. Tāk tēn-sö puëróë a swuëįimui brātôvi
f pësk fpòlil. Tak të wëńi fstëlë, vërvālë χöįći a të jëdën drëdziwuë
pròl, jëś cö wëńi sö zābilë.
 Të nēn kròfc jídzë zôs dó-kröla ā-muý gôdôl: »Starëśkui, tërë
wëńi są zābîti, tërë môżëcś spuëkōįni żécu.
 Nēn kròl vzōn, hālôl nëχ χlòpûf, nēwuë wuëla z ńim jëdnim
rôgę ā nę dzëkų stînę: tö wën fśëtkuë sχuëvôl. A tēmui kròfcóvi
wën dôl tö kròlëfstwuë a swuëįą cōrką na-vërk. Ti mëlë cëśëti cāli
rōk a żëlë śćëstlëvë dzisôdńę.

V. Aus dem Mechau-Starsiner Dialect.

a. Darslub.

Die Entscheidung im Grenzstreit zwischen Darslub und Polzin.

Jô-mŭm cëti wāt-inkëχ lëdzi stürsëχ, że Dāřlëvô s Pólcëną sëlë
midzë sôbų swüįe puŭlë a ńimëlë grāncë.

Tak na-žńīvā Pṓlčënð fūdrðvālð jĕdnīwä χlópa; tī-muy̆ dēlĕ jĕsc būri gróχ. A Dȧ́řlëbð tĕš-sð χlópa fūdrðválð; tī dēlĕ jĕsc bōli gróχ a scīńĕ m̥ęsð. Tak na-žńīva dð-sēčńī Pṓlčīnstχī χlóp šēt s kuā̈sų wȧt-Pṓl-čënā; a Dȧ́řlëpstχī šēt s kuā̈sų wȧd-Dȧ́řlëbā. A dzē-bë tī dvaį-sų zēšlĕ, tų-bë bĕla gränca.

Alĕ ten Pṓlčīnstχī χlóp, žĕ wȧ́ńī jĕmuy̆ dēlë ten būri gróχ a rīntóvnī m̥ęsð, tų ten přešĕt pīnc gōn s kuā̈su; ā ten Dȧ́řlëpstχī blōs přešĕt dwȧ́įe gōn, žē puṻ-tīm bōlīm gróχuy̆ a scīńīm m̥ęsū wȧn dōstūl sråčkų. Wȧ́n muy̆sūl būksĕ třëmäc v grōscī.

A Pṓlčīnstχī puā̈ tīm būrīm gróχuy̆ a rīntóvnīm m̥ęsū šēt dërχ. — Tērĕs ta gränca jĕ wȧd-Dȧ́řlëbā dwȧ́įe gōn a wȧt-Pṓlčënā pīnc. Tų mōže jĕs dzīs kāždī člóvĕk přīnc ā tō zmēřëc.

b. Mechau.

Der alte Fritz und der kluge Bauer.[1]

To bĕl stȯrī Fric; ten mȯl jĕdnēwĕ gbūra bārzo wĕkřīvdzōnē. Tak tĕ wën-muy̆ χcē co puĕvĕtōvāc nāzōt. Tak wën-wĕ zåprosĕl nå-bȧl ā-so zåprosĕl swĕįīχ ofcīrūf nō-ten-bȧl. Tak wĕńī χcēlĕ terĕs tēwē gbūra wȯy̆χvācëc f čim. Tak wĕńī-so puëstȧ́čīlĕ sklōnkų zĕšnåpsų a tĕ wĕńī vëpχīlĕ kuĕždī stōį šnåps. Tērĕs wĕńī wĕt-krōla zȧ́čųlĕ a tĕ ten, co nōprōt vëpχīl, ten dȯl tēmuy̆ svēmuy̆ kolēdzĕ zȧ́wy̆χuĕ. Čĕ ten wĕstȧtńī tēwē gbūra träfχīl, tĕ tī ˋīnnī mëslĕlĕ, žē-bë wën tēmuy̆ krōlovĕ (sic!) zā-wy̆χuĕ dȯl. To wĕńī mĕlĕ tak vërëχtovȯnĕ, žē wën mȯl dāc tēmuy̆ krōlovĕ (!). Tak wën vëpχīl svōį šnåps a tĕ wĕńī-muy̆ řēklĕ »dȧ́lī zbūřĕ«. Tak wën-so tak puĕmëslīl a tĕ jēmuy̆, wĕt-kuĕwĕ wën dostȯl řēk: »Hoįt zōs« ā-muy̆ nāzōt jĕdnų zā-wy̆χuĕ vĕńĕcīl a krōlovĕ ńĕ. Tak krōl řēk: »3būr jē nōmųdřĕšī«.

[1] Vgl. den Schluss von III. d. 2, S. 49.

VI. Aus dem Dialect der Oxhöfter Kämpe.

a. Rewa.

Der erfinderische Schneider.

Bėl jėdėn krōl a mȯl jėdną cōrką ā tí wėn dȯl zrȯbïc jėdėn muēst nà-klëpχē, cȯ-tēš žȯdėn mȧnsperzōn dȯ-ńi ńimōk přinc, vȧχāmï šȧrp zïχrȯvōnï. Tą tēš dȯ-ńï ńïχt přinc ńïmōk. Alë bël küš-tȯvnï krȯfc. Tēn mōk faïn na-skřëpχïcȧχ mōzïkuēvȧc. Xuëc stȯrȯ bābȧ na-skuēnāńïm jē, tak wėna dȯχ-sȯ smȯc muẏšï jak mȯlpȧ. Alë wėn přëmëslï tēn krȯfc: jïdzë dȯ-gȯltšmëta a-wē prȯsï, žë-bë muẏ zlȯtïwē kuēńa zrȯbïl. A gȯltšmët gȯdȯl: »Dȯ-čēwē?« — A krȯfc gȯdȯl: »Tak čėldjïwē, cȯ jȯ f tēguē kuēńa vlësc mdą mōk zē skřëpχïcāmï muējïmë(!); a tē-wē puēstȧvïcē přėd-wėknȯ. Kė¹) tēn krōl puējēdzë, tāk wėn-sȯ mdzē pitȯl, cȯ tēn koń plācï. Tāk ńïc ńë-vėzńēcē, tȯ jȯ šąkuẏją tï krōlȯvï cōrcē dȯ-ćasëmïńėńȯ«.

Tāk tēn krōl dȯl zārȯs ālȧc tēguē kuēńa a-zārȯs dȯ tï cōrtχï dȯl-guē zāprȯvādzëc. Cōrka bȧrzȯ-są cëšëla tēmuẏ kuēńȯvï. Jȧk nȯc přëšlā, tāk krȯfc na-skřëpχïcȧχ f kuēńü grȧįē. Cōrka gȯdālā: »Xtȯ jë žėvẏ, tēn puë rütēn dȯ-mē«. Tak krȯfc vėlȯs s kuēńa dȯ-cōrkχï. Tāk-sȯ mïlȯ přëvïtëlë wėd-dȯbřȯscë. Tē bëlë ćėstȯ jȧs marȯt, jȧš-sȯ dȯ-lōška dȯstëlë.

Na-puērėnk, kχē pχėršȯ pocta přëšla s krōlą, cōrką naćēdzëc, të vïdzȯl krōl, žë mïlȯ-są třïmëlë f kōl šėįē. Jā, cȯ dȯ-rādë jȧk wē-buēįë dwēįë vzųc dȯ-krōlëfstva a dūc-sȯ jïmā žėńïc? — A jȯ-bėl tēš na tim čėsëlïm.

b. Pierwoschin.

Abenteuer zweier Burschen.

Bėl-tȯ jėdėn zbūr a tēn-mȯl jėdną cōrką; a të wön mȯl dvūχ parōpküf. A tēn jėdėn-muẏ lēpχï rȯbïl a tēn drēdjï tȯ puēstřïk; tāk wön jėš lēpχï rȯbïl. A tak wön, nen zbūr, řėk, cȯ-bë lēpχï rȯbïl, tēn-bë dȯstüll tą jēwē cōrką.

A tak tērës wöńï wėbaįï doāįï dȯbřë rȯbïlë. Tak wön ńëvėdzül,

---
¹) Ein Zuhörer verbesserte: *Tχë*.

kuēmuy̨ dūc. A ináči ńŕćedzŭl, jåk mēlë jic wèbāi dodi f sv́āt a
χtó-bë v̆ici zářδb̆il a v̆ici pχēn̨ydzi přēńōs, tēn-bê-sδ z ńy̨ mōk wēžēńic. Tak wóńi-sδ vzqnë a s̆lë f sv́āt. Tak tē wón̆i přëślë v lās, tą
bëlë dv́e dródji. A te wóńi stójèlë ā-sδ rδzmišlēlë, jakų̂-bë drógy̨ tēn
s̆ēt ābuē tēn. Tak wôńi-sδ wýrādzëlë: tēn pŭdzē na pråvy̨ ā tēn
drëdji pŭdzē na lēvy̨.
Tak tērës ten jèdën s̆ēt na pråvy̨. Tak tē-muy̨ přëśla nóc a
jēsc muy̨-sδ χcālδ. Tak wŏn dóstŭl tą jèdną χålëpą dδ-v̆idzéńó a tą
wŏn-sδ pĭtŭl zā-slŭžby̨. A wóńi-muy̨ ťĕklë že ńē, žē ńebrëkuévëlë.
Tak tē wŏn prósil-jį̇χ wē-jëdzēńi. Tak wóńi-muy̨ dēlë jēsc a pχic u
wéb-nδc-wē wetŕimélë.
A na-drëdji dzēń, tē wŏn-sδ vzōn ē s̆ēt dāli. Tak wŏn přindze
zós dδ jèdniwē ā-sδ pitó zā-slŭžby̨. Tēn-muy̨ ŕĕk, žē cδ-ųinśiwē
ńimōk-muy̨ dāc, jåk sv́ińē fŭdrótac. A-tδ muy̨-sδ bārδ ńev̆idzālδ.
Tāk wŏn-sδ rδzmišlŭl, cδ wŏn-mól zūcy̨c; tak wŏn-sδ wýŕidzil a tē
fŭdróvŭl të sv́ińē. Ală barzδ dóstŭl mólĭ myy̨tδ (!), åle-sδ mëśtil:
„dŏχ-bųdze cδ«. Tak wŏn vëslŭžil pōl-rókuy̨ a tē wŏn vzōn swēję
my̨tδ a s̆ēt dāli ā-sδ ų̂iscī, žē tδ bëlδ lëχuē my̨tδ, žē-bë dóstŭl v̆ici.
Tāk wŏn zós s̆ēt dāli a tē-sδ pitól zós za-slŭžby̨; tak ti-wē tés
do-sv́ińi χcëlë mec. A wŏn néχcŭl, žē tδ bëlδ cęškuē (!); tak néχcŏl
dδ-sv́ińi-sδ wýŕedzëc; åle ųiński slŭžbë wŏn ńimōk dóstăc.
Tak tē wŏn s̆ēt dāli ē tèwē-sδ pitól ē tēwē. Tak wŏn-sδ jèdnåk
wýŕidzil dδ-sv́ińi; åle tą mól bārzδ jēš cężi (!)jak na-pχēŕšim mólū.
Tak wŏn zós pōlrókuy̨ vëslŭžil. A tē-s̆ēt zós dāli.
Tak tē wŏn s̆ēt ā-sδ ų̂iscil. A natrŭfχil jèdniwē lésniwē. Tēwē
wŏn-sδ pitól zā-slŭžby̨. Tak wŏn-muy̨ puĕtódól, žē »jóč; ale wŏn-bë
muyšil puē-lēsē låtăc a bărzδ cąśkuē-bë mól, åle-bë dóstŭl na tŕe
mēsy̨cē stó tālārŭf, ĉē-bë wŏn tδ vēt́ŕimól. Tak wŏn-sδ mëślil, žē tδ
jē v̆elš pχēńy̨dzi, tak wŏn-sδ wýŕidzil. A drëdjiwē dńā zāŕós puērēn
s̆lē v lās; tak wŏn muyšil tāk låtăc, jåk pχēs. Čē wŏn přës̆et v̆èčŭr
dδ-dŭm, tak wŏn ńimōk-sδ ŕës̆ëc wŏt-tēwē lótăńó. Tāk-sδ mëślil, žē
tδ-jē bārzδ cąškuē, åle sóbë mëślil, žē tδ wŏn dŏχ strimó. Tak tδ-śló
dzēń kőle dńā. Tāk ten pón-sδ-wē pitŭl, jåk tδ-sδ jēmuy̨ v̆idzālδ. A
wŏn ŕĕk, že dóbŕe; buē ĉē-bë wŏn ŕĕk, žē lëχuē, tē wŏn-bë jēwē wýsmëŕcil. Tak wŏn lëpχi ńic ńeŕek. Tak wŏn lëdól, cδ mōk, cδ wŏn
të tŕē mēsy̨cē vëslŭžil.
A jåk tē tŕē mēsy̨cē bëlë kůnc, tāk wŏn-muy̨ dól stó tālārŭf. A
tē wŏn-s̆ēt dδ-tēwē zbŭra, cδ tą cōrką mól, tą, dzē wŏn slŭžil.

A ten drëdji šèt nu-lëcŋ. Tak šèt p̌ťez-lās tāk dāląk, žē dālī n̆ŭmŏk. Tāk ŏečur d́ŏstŭl dŏ-vidzēńŏ jĕdną χąlĕpą. Tak-tą wŏn šēt, a tą přindze ā-sṍ pitŏ́, žē-bĕ mŏk web-nŏ́c bĕc. A tą ńŭkŭēwē ļlnliwē nébĕlŏ́, jāk jĕdna stŏ́rŏ́ bălka. Tā-muÿ ťeklă: »Čĕš tĕ tŭ χcŏ́l? Jŏ́ mŏm dvanŏscĕ sĕnŭ́f a tī są rąibrämĕ(!); a tī přindą těrěs vnēt dŏ́dŭm, tī-cĕ vēzną žĕcī«.
A wŏn ťek: »Wŏńi dŏχ ńĕmdą tak zlī, žē wŏńi-ḿé zārě sḿěrc vēzmą«.
Tāk zū-stŏt wŏńi přěšlĕ; tāk ta stŏ́rŏ́ bălka ťekla, wŏn-sṍ ḿŏl skrěc. Tak wŏn-so skril pųŏd-lŏškuē. A jāk tī sēnṍŏē přěšlĕ, tak wŏńi, ťeklĕ tŭ mātcē, žē wŏna mála sŏēžą krēf. A wŏna ťekla: »Tŭ jē jĕdĕn; tēn ḿē tak bārzṍ prŏsŭl, žē jŏ́-wē mála web-nŏ́c wētťěmăc; tak jŏ́ wētťŕmāla«.
Tak wŏn muÿšil zārěs dṍ-ńįχ přinc dŏ́-stṍlĕ. Tak wŏńi jĕdlĕ a wŏn p̌ťě-ńįχ. Tē wŏńi-sṍ jēwē pitēlĕ, ᴣdzē wŏn χcŏ́l įc. Tak wŏn ťek: »Dŏ́-pχēkla«. Tak tēn nŏstărsÿ ťek dṍ-ńewē: »Nÿžē-dŏχ-sṍ wēvic wē-ḿē, cṍ wŏńi bądą f pχēkle wē-ḿé gŏdēlă!«
Tak wŏńi-muÿ na-drēdji dzēń dēlĕ bārzṍ vĕlĕ dṍ-jēdzēńŏ́ ĕ dṍ-pχico, co wŏn-bĕ strimŏ́l z jēdzēńim.
Tak wŏn šèt wŏd-ńįχ prěc a přindzē přez ŏšldji lās. Tak jŭ dlŭguē šēt, tak tē-muÿ-sṍ χcālŏ́ jēsc, ā-sṍ vzŏn a-jŏ́t. A šēt; tak nātrāfχil vrŏną, a ta vrŏna ťeklă jōmuÿ, žē jī ḿŏl tēš dāc. Tak wŏn-ji dŏl. Tuk wŏna-muÿ ťekla, žē, čē-bĕ jēmuÿ lěχuē šlŏ́, tē wŏn-sṍ ḿŏl zmēslěc nā tą vrŏną, tē wŏna bĕ-muÿ dṍ-puēmuēcĕ bĕla. Tak wŏn-sṍ mēslil: »Tṍ jē těž dŏbrÿ«. A tě jidzē dālī. Tāk nātrāfχil mrŏfką. Tak tā-muÿ těš ťekla, ḿŏl jī těš dāc dṍ-jēdzēńŏ́. Tak wŏn-ji dŏl. A wŏna-muÿ ťekla: »Čě tě-sṍ zmēsliš na-ḿē, tē jŏ́-cě mdą dṍ-puēmuěcě«. Tak wŏn-sṍ mēslil, tṍ jē těš dŏbrě. A tě šed-dālī. Tě wŏn natrāfχil zaįcā. Tak wŏn-muÿ ḿŏl těš dāc cṍ dṍ jēdzēńŏ́. Tak wŏn-muÿ těš dŏl, a zaįc ťek: »Čě tě sṍ zmēsliš na-ḿē, tē jŏ́-cě bądą dṍ-puēmuěcě«.
A tě šèt dālī; tak natrāfχil wŏn lěsā. Tāk ten lěs-muÿ ťek: »Dēį-ḿē těš-cṍ dṍ-jēdzēńŏ́«. Tak wŏn-muÿ dŏl. »A čě tě-sṍ zmēsliš na-ḿē a tŏbē lěχuē pŭdzē, tē jŏ́-cě bądą dṍ-puēmuěcě«. A tē wŏn šēt dālÿ; tak wŏn nātrāfχil ŏilka. Tak ten vilk jōmuÿ ťek, ḿŏl jēmuÿ těš cṍ dāc dṍ-jēdzēńŏ́. Tak wŏn jēmuÿ dŏl. Tak ten vilk-muÿ ťek: »Čě tě-sṍ zmēsliš wē-ḿē, tē jŏ́-cě bądą dṍ-puēmuěcě«. — Tak jidzē dālÿ. Tak jěš bārzṍ dāląk bělṍ dṍ-pχēklŭ. Ale zū-jědniwē

čåsë přindzc wön dŏ-pxēkla ā-sŏ pitŏ f pxēklě, žē wön-bë mōk službą dŏstăc. |A wóńi-muÿ řeklë, žē »jó«. Tak wön-bë jëmuÿ dŏl na-tře mësцcë tře stā tālārüf.

Tak wön-sŏ mëslil: »Tó-jē dósc dlŏ-mé«. Tak wön cŏ inšiwë ńimŏl róbic, jak p(ų)öt köclě mŏl dóbřě pötklādăc wēdjin, có-bë tó-sŏ dóbře pŏlëlŏ; ôici wön-bë ńedărŏvŏl róbic, lē blōs ten óšldji wēdjin róbic.

Tāk wön dóbřě pötklŏdül, cŏ tó-sŏ dóbřě pŏlëlŏ. A wön f tim pxēklě tą vědlē ńewē xuēdzil, có-bë wön těš dóbri wēdjin mŏl. A tó-sŏ jëmuÿ dóbřě vidzālŏ. Alē wön ńimŏl f të köclē zāzdřēc. Tak jědniwē čāsë tēn dyóbšl jëmuÿ řek: »Jŏ vějādą nā tře dńi prěć; a të tū dóbřě bųdzěš pötklŏdül, có-tŏ-sŏ dóbřě bųdzě pŏlëlŏ«.

Tāk jāk wön wödjāχŏl, tāk drědjiwē dńa wön-sŏ mëslil, có f tëx köclāx-bë tą muēglŏ bëc. Tak wön wötkril; tak wóńi-muÿ tą řeklě s těwē köcla, lē tāk bārzŏ ńimŏl pötklādăc, có-bë bël měšÿ wēdjin; buē tŏ jix bārzŏ pŏlëlŏ.

A f tim drědjim köclū wöń wötkril, tak tą wön vidzül, žē tą bëlë ti stărśÿ öficěře, čē wön bël kölě žölnerÿ; tëx wön znŏl. Tak wön jimā řek: »Tó vāmā zdrŏf«, a pöt-tēn köcěl wön diχtix pötklŏdül, cŏ tó-sŏ diχtix pŏlëlŏ. A pöt të drědji tak bārzŏ ńě.

Tāk tēn dyóbšl třeciwē dńā přěsēt nāzöt. Tak wön dŏ-ńewē přěsēt a-sŏ-wš pitŏl, jākŭš jëmuÿ šlŏ. A wön řek, žē dóbřě.

Alē pöt tim jedńim köclą, tą wön mŏl dóbri wēdjin a pöt tëmě drědjëmě tak vělě ńě.

(Ich musste hier abbrechen.)

c. Oxhöft.

1. Der furchtlose Dumme (vgl. S. 68).

Bëlë rös dvāįi brācë, jěděn bël mųdri ā těn drědji glüpi. A těn mųdri-so guěřil vědno, žē těn glüpi ńimŏl žŏdnēguē strąxuÿ. Tak tēn mųdri χcŏl-guē nāstrāšēc rös, puěslül tēguē glüpiguē v jědni nöcě dö-drědji fsë zā-guěřölkų. A tó-sŏ trāfχilo přēs-smųtůř. A të ten mųdri χcŏl tēguē glüpiguē věstrāšēc.

Tak wön-so vzọn vądjěl v gąbą ā-so f sükńą wěvinön glövą. F tim jidzě těn glüpi s tų guěřölkų, ā těn mųdri stọįi nā-stēgńě, ā těn glüpi nā-ńeguē vřěšči: »Hē, cěš të tą stọįiš? Wÿndzěš-mě z drödji, buē jāk ńewÿndzěš, tāk cēbš tχiią přēz-lēp!« — Alē nēn mųdri bědno šēt bāŕi na-ńeguē lōs; buē-muÿ χcŏl strāχuÿ nādăc. A nēn glŭpi-sŏ ńebuē͏̨ĭll, lē puŏd-ńŏs tχi do-gŏrë a zāćńě mųdrēguē brāta vālěc tīm tχīų a tāg-guē puēbil, jās tēn mųdrĭ prōsŭl, ḿŏl-muÿ dāc puēkų̆. Tē wŏn-muÿ-so přeznŏl, žē wŏn běl tēn brāt; ā tēn glŭpi ŕēk : »Dŏ-ćēguēs |tě tāk glŭpi běl? Jidzěs tě nā-smątŭŕ z vąglą f pěskuÿ! Nimōk-tě zārŏ puēvedzěc, žē tŏ tē-běl, to-bě jŏ-cě ńēbil!« Ten mųdri brāt šēt dō-dŭm plāćųcē a puēvedzŏl to fšětkuē wěcē. Tak wěc-so rozguēŕil a věněkŏl tēguē glŭpiguē z buÿdinkuÿ.

Tēn glŭpi šēt f svāt za-strāχą šěkăc, χuēdzil wŏd-jědniguē do-drěgiguē, žē-bě muÿ-χto puēvedzŭl, dzē-bě wŏn strāχuÿ nāběl. Přindzě wŏn rŏs do-jědnĭ kārcmě. Tăm wŏn-so pitŏl, žē-bě muÿ χto puēvedzŏl, co-bě wŏn mōk strāχuÿ nāběc. A tēn kăćmŭŕ, ten-sŏ s těguē sḿŏl, městĭl, žē wŏn to nā-špŏs gŏdŭl, ā jāk wŏn vidzŏl prŏvdą wŏt-tēguē glŭpiguě, tāk wŏn-muÿ ŕēk, ḿŏl ǐc na-jědną gōrą; tam wŏn-bě strāχ puēznŭl. A jěs dŏl tēmuÿ glŭpimuÿ do-pχicŏ, do-jědzěńŏ. Tāk lē ten glŭpi šēt a tē přindzě tą, lē-so zāćńě wēgjĭn rŏbic f kuěmĭnkuÿ a tē wŏn-so zāćńě pχēc a jēsc lě tχélbŭsě, co ten kārć-mŭŕ-muÿ dŏl. F tīm wŏn ćěję, žē co f kuěmĭńě zūrěcā. Tē wŏn-sŏ wēbězdŕi, tak tē-muÿ spādlo pŏl-ćlŏvěka. Wŏn vēzńě to pŏlclŏvěka a věŕŭcĭ zā-sēbě. F tīm ńěje dlŭguē, lě zāćńě zŏs co f kuěmĭńě zarěcěc. A ten glŭpi vŕešći: »Dŏždžě, ńěpādŏ rěχli jās jŏ-so swěję kχélbŭsě wýpχēką«. Alě to ńěslěχā, lě spādlo v dŏl. Wŏn to zŏs vēzńě a věŕŭcĭ za-sěbě. F tīm wŏn-sŏ wēbězdŕi, tě stōı̨̆ı̌ cālĭ ćlŏvěk. Tak tē wŏn vēzńě swěję kχélbŭsě ı̆ (!) puēstātĭl nā stŏl ı̆ jŏt; a ten strāšni (strāšŏk) na-ńeguē vzěrŏ a-ńic ńěgŏdŏ. A ten glŭpi vědnŏ jŏt. A tě puēdŏvŏ tēmuÿ strašŏkuēći těž-do-žercŏ a tēn strāšŏk ńevzōn, lě stōı̨̆ŏl a zdrŏl. Jās wŏn vidzŭl, žē těn glŭpi jŭ rēstą dŏjŏdŭl kχelbŭsŭ, (g. sgl.) lē wŏn χcŏl měc. Ale nen glŭpi-muÿ ńedŏl, lě-muÿ ŕēk : »Tχē jŏ-cě dŏvŭll, tě tě ńěχcŭl; tērŏ (!) ŕě psi gnŏı̨̆!« — F tīm ten strāšŏk-so na-ńeguē puŏrvŏl a sχvŏcil-guē zā-pχěrsě. Alě tēn glŭpi-so-muÿ ńěpuŏdlěk, lě prŏl-guē těs, klěk-muÿ nā-pχěrsě a bĭl a wÿχvŏcil-guē zā-brŭdą a prŏl-guē pχiscų puē-lēpχě (!). Na wěstātkuÿ zāćōn-guē prŏsěc, ten strāšŏk, žē ḿŏl-guē puÿscěc a wēběćŭlmuÿ vělě zlŏta, ălě ńě zā-to, žē wŏn-guē věbil tāk, lě zā-to, žē wŏnguē z mąk věbāvil. I puě-tēmuÿ tą ńizdě vici ńestrāšělo. A tēn glŭpi-so nābrŏl těli co χcŏl fšěttχiguē, jāk mōk ńesc, a žil sobě dŏbŕě.

2. Der aufgewachte Tedte.

To ńëjë puëóòstkă lë prôvdă. V jëdnï famïlïjï bël jëdën wÿmārlï. Wön lëżůl f tï sämï j'ïzbë, gdzë tï drëgï bëlë. W'ë-vëćōr wöńï sëdzëlë ā-so rospuëvëdëlë. F tïm zāćön tën pxës puöd lāvų bărdzö vëc. Fśëtkï-so wëbzërëlë a òïdzëlë, żë tëmuÿ wÿmărlëmuÿ ta lëvô rąkă spādlă. Wöńï nā-to ńïjăk ńëwÿvôżëlë a mëslëlë, żë tö ńëbëlo tak zlë. Zā xóïlką zāćön tën pxës ălë jëś bāŕï vëc. Të wöńï òïdzëlë, żë tā prāvô rąkă tëmuÿ wÿmărlëmuÿ nā-zëmą spādlă. Tërës wöńï dôstëlë përną strāx; ālë jëś wöńï to-so tak zlë ńëmëslëlë. Ten pxës to ălë òëdzůl.

Tërës wön zāćůn zë fśëtkïx gvôltöf vëc. Tën wÿmārlï tërôs puödnôśůl glövą: wöńï fśëtkï (so)brëlë v noǵï, ā tën wÿmārlï zā-ńïmÿ (!). Tën pxës ălë zā-ńïm a zvëćąźïl-guë.

3. Ein Heirathshinderniss.

Jëdnï stārśi mëlë tëlkuë jëdną cörką, a ta ńïmuēgla dëxt co òïdzëc. Wöna mā bărdzo krötkï òït. Ālë rôt wóna-so xcū wëżëńic; kăżdï ălë òëdzůl wë jï òïdzë.

Nārôs pŕëjąxůl jëdën kāvālër z dălëkă. Wöńï-guë pŕëjąlë jăk nôlēpxï. Tā mātkă puëložëlů pŕēt-tïm jëdną śpïlką nā-zëmą a ŕëklă do tï cörtkxï: »Kxë ten nāwëżëńï tů bądzë sēdzůl a vzēŕůl, tö-so zēgńï a puödńësë tą śpïlką; të wön wÿzdŕï, żë të ńëjës slëpô«.

Tak wöna tëś zrobïla, puödńösla tą śpïlką zë-zëmï a puëložëla ją nā-stöl do-tëwë nāwëżëńïguē, co-bë wön tëś òïdzöl, żë wöna mā döbrï òït. Tërë tö-sö ălë puëkôzalo, jăk wöna muēgla òïdzëc.

Stôjöl tą nā-stölë tālïŕ z māslą. Buē ten nāwëżëńï pxïl kāvą a smërovôl to māslo-so nā-xlēp. Jëdnïm răzą pŕëlēcï ta brütkă dôstölë a vŕēśćï: »Pśïkuöta, pśïkuöc« a tŕąsnë rąkų f to māslo a zdŕūcï jë nā-zëmą; buē mëslëla nā to māslo, żë to kuöt bël. Tēguē nāwëżëńïguē wöna ćësto wëprïskă kāvų ë māslą. Tërôs wön òïdzöl, co z ńǫ bëlo lôs.

Na wëstātkuÿ wön-so z ńǫ wöddząkuēvöl; wön jï-xcôl dāc gąbë a wönă jëmuÿ tëś. Wön-ją kuÿśnǫn v gąbą: buē wön-mōk òïdzëc. Ălë wóna-guē kuÿśnąna zā-māst v gąbą v nōs; a ten nōs bël bărdzo stobāćönë; ta tobākă jï vlëcālă v gārdlö, a wönă muÿśëla puē-tïm bărdzö prüskăc a smărküc. — Tën nāwëżëńï śēt zē-smëxą dö-dům ā mô jëś dzïs dö-ńï nāzöt pŕïnc.

Anhang.

Sprachproben aus ł-Dialecten.

I. Putziger Kämpe (ausser Putzig und Polzin).

a. Sellistrau.

Grobe Belehrungen.

Bś to jeden gbūr a mŏ dvā wuelë a dŏ tëχ wuelŭf wěn-so mŏ knŏpa wÿłidzónī. A ten knŏp të wëlë pās v blóce. A ten jeden wŏł tēwë drědjīwë vēpχ v rōf a ten wÿtŏnųn. Tāk ten knŏp bëgŏ dŏ-dŭm zā łim guěspuëdŭłą, tak ten guěspuëdŭł pżěłet a tě sŏ pīłŏ tēwë knŏpa, jākŭś ten wŏł tēwë vēpχ f ten rōf. A ten knŏp łek: »Wÿstąmpīcě-lē tū łāk, tě jŏ-rŭm puëkŏżą«. Tāk tě ten gbūr wÿstųmpī kuěl tēwë rówū. Tak tě ten knŏp jěmuÿ dŏ tātχī sŭps a ten gbūr fpŏt v rōf a wÿtŏnų těś. Tak ta bałka wěstū gdŏvų. A tě wëd-jědnīwë rāza-sŏ wÿ ńě łak věłë měśī-sŏ nálazłŏ, żē wěna-so łŏdnē rādë ńěvēdzā. Tak wěna-sŏ vě-fsě jīscëla, żē wÿ-ńí bëłŏ vele měśī. Tak jeden χłóp łek: »Jŏ vām jě vëgłādzą«. Tak wěna łekła: »Jākŭś?« — A wěn-łek: »Dóce-me dvā mŭrtχī nā-dzēń a jěsc; a tá jŏ půdą v zŏgrŏdą a tě jŏ-mdą jī χvŏłŏ¹)«. — Tak wěna łekła: »Na tě tŏ dóbłe«. — Tak wěn śēt f tą zŏgrŏdą a lěk a lēżŏ¹). Tak tłeciwë dńā, tě wěna dŏ-ńewë płěśła: »E móce-vë jŭ jakų́ wÿχvŏcōnī?« — A wěn łek: »Jěś ńě, ale tχē jŏ tą wÿχrŏcą, cŏ jŏ kuěl tě dzūrë lēżą, a tě jěś dŏe, tě jŏ-mdą mŏ¹) tłě«.

Tak na bałka šla v dōm a sŏ z móttë vēcīgną́ mŏtëlěk. A tě šla do-ńewë f tą zŏgrŏdą a tě-wë zācą wěpkłūdăc. Tak ńěbëłŏ łŏdnē rādě; tak χłóp muÿšěł wÿcěc.

---

¹) particip.

Tak jak přešet dő-dŭm, tak jěwě bałka-sö jěwě pitā: »*Čěs-tě mős zārőbőni?*«. — *A wěn řěk:* »*Dvādzēsca*«. — *A wěna řěkła:* »*Čewě dvādzēsca?*« — *A wěn řěk:* »*Eź-lě tě χcěš měc puěłővq, tě jő tőbě dōm*«. — *A wěna řěkła:* »*M'ē-doχ čědnő puěłőva nőleži*«. — *Tak wěn řěk:* »*Ně, tő dóbre*« *a vzųn mőtělěk a tě záćų-ją wěpkłādāc. Tak jak wěn-ji mő*[1]) *třě-hibě dŭni, tāk wěna gŭdå:* »*B'alcě lěső cóórti dzěl nőleži*«. — *Tak wěn-ji dő pinc ë wěna běla s tim spuěkőįnő, cő dőstőni mā.*

b. Oslanin.
Rettende Vorsicht.

Bělě jědni lědzě a mělě dve cōrtχi a wuěni jāχālě na jednő čěsěli. A tų jědnų cōrkų wýni vzqlě sobų; a ta jedna wýstā dōma. A jak přěšet čěčŭr, tāk tě wuěna-sö zāmkła fšěttχi dvěřě, a tě wuěna spała. Tak klēpě na-dvitě nixtö a gődő: »*Puýsčő-měu*«; *a jāk wuěna wuětěmkła, tak stőįi jeden χłóp a mő trŭpa na remőnāχ. A tě jidzě v jizbą s tų cōrkų a tě gődő, wuěna mő sěkác nőžě a gāfly. A wuěn mől puěłőżőni na-stōl těwuě trŭpa a tě wuěni-bě jědlě. A přět-tim wuěna mała nafŭdrővőni kuěta a psā. A tě wuěna sādła-sö s tim χłópą, cő tő přěhős těwuě trŭpa. A tě wuěni jědlě a wuěna swuěje męsö wuět-těwuě trŭpa pūšćała nā-zēmą; a psě a kuětě, tě tě rözvlőkālě puě-kųtąχ.*

A tě jak wuěni mělě zjādłý tő męsö wuět-těwuě człóveka, tak tě ten χłóp vzų sóčkų a fšądzě wuěpsčěčił, žlě těs cő běłő wýstőni. A wuěna mała zjādłý tő męsö, a nic něběłő nizdzě vidzěc, jak wuěn wuěpsvěčił. Tak tě ten χłóp šět prěč wuěd-ni a řěk, žě wuěn-bě zős přěšet na drědji rős, a wuěna zaštěkŭła dčěřě.

A na puěrěnk tě wuěna záčąła věmātāc v jizbi tų, dzē wuěni jědlě těwuě trŭpa. Tak tě bělo fuýl pěnųdzi, dzě tě psě a tě kuětě mālě tő męsö rözvlőkőni wuět-těwő trŭpa. Jak ti-stārši přějāχālě s těwuě čěsělő, tak ta cōrka mała fuýl pěnųdzi. Tak na drědji rős ti stārši zős jāχālě na čěsěli a vzqlě tų drěgų cōrkų sobų. A ta wuěstā dōma, cő přět-tim běla na tim čěsělim. Tak ta cōrka těs tag-zrőbiła, jak ta pěršő cōrka fšětkuě, lě blős něnafŭdrővała psōf ěni kuětőf. Tak přindze χłóp čěčŭr; a

---
[1], praeter.

wuëna måla dóëŕë zaštëkõnï; a klëpë nå dóšŕe, wuëna måla puÿšćëc (!). Tak wuëna puÿšćëla (!). Tak ten χłóp gȯdȯ, wuëna måla nôże a gåjše šëkăc, a wuëńï-bë jëdlë tȯ m̦ęsȯ wüët-tëwuë trůpa. Tak të wuëńï tëš jëdlë, a wuëna swuëj̨e m̦ęsȯ wüët-tëwuë trůpa půšćåla nåzëm̦ą. A jak wuëńï m̦ëlë zjādłÿ, tak të ten χłóp wüëpšóšcił na-zëm̦ï, źlë wuëna måla zjādłÿ: a wuëna ńïmåla zjādłÿ; buë psë a kuëtë ńïmåłë tȯ rȯzvlëkłÿ puë-kųtăχ. Buë wuëna ńïmåla j̈ïχ nafůdrȯvȯnï. Tak ten χłóp j̨ą ozų a puëŕnų na ćëstë štëkχï.

Jak tï stārši pŕëšlë dȯ-dům, tak të j̈ïχ cȯrka bëla na štëkăχ puëŕńónȯ zō-tȯ, że wuëna psôm a kuëtōm j̈ësc ńëdåla.

c. Bresin.
Der durchtriebene Kantor.

To bëł jeden ksųc a ten bëł veldjï lïphaber wüët-kuÿrůf. Të kuÿrā-so ńósłë f čās nazïmkuÿ, ale ńëχcāłë sëdzëc; żodna ńeklůká. Tak wuën-są jïscëł do swüëj̨ïwuë kantërë, co wuën m̦ȯł zrȯbïc. Ten muÿ ŕëk tak: »Jeguëmuëšc mȯ bāküs (Backhaus), tą tó-bë-są dobŕe pasová; jeguëmuëšc m̦e dȯ tŕë kuëpë j̈ôį a dzësïnc puÿntůf špekuÿ a to puëtŕëbnë χlëba do jëdzëńó a do p̃ïcȯ kavą ë p̃ïva; a të jāją jȯ vëšȯdząc. Ten ksų c bëł s tïm wÿspuëkuëį̂ónï. Kantëra dȯstȯ jāją a špek, codzëń swuëį̈ë χlëba, p̃ïva a kåvą. Ten špëk wuën-so süm pëk.

Jak tŕë ńëdzëlë vëšłë, të kantëra m̦ȯł jāją ë špëk puëjādłÿ. Cëš tů zrȯbïc? — Vzų, zåpȯlëł bākus, a jak båkus-są pȯlëł fuÿl flamų, të wuën χuëdzëł f kȯł båkůza a wuëłȯ płaćųcā: »Gluk, gluk!« — Ten ksųc-muÿ gȯdȯ¹), co wuën tak płākȯ¹), ńïm̦ȯł-są dȯχ j̈ïscëc, buë wuën bëł tš vārë, że båkůs-są z ńëšćësɯȯ zåpȯlëł, a tȯ-sȯ ńëm̦ësłëł, że kantëra-bë jëwuë tāk püšdëšët. Ale kantera vŕëšćëł płaćųcë dalï: »gluk, gluk, jeguëmuëšc; küëżdemuÿ wüë-swuëį̨e, tak tëż-m̦e wuš muëį̨e kuÿŕątąс.

¹) praeter.

II. Lusin-Schönwalde.*)

a. Lusin.

1. Der schwarze Mann im Baume und sein Mittel, wieder jung zu werden.

Tū mĕskūł v Lĕzěńe kućvól, tēn-sq nåzĕvūł Vāras. Tāk-tĕn brĕkuĕvūł vqglë f kūzńy. Tāk-wön šēt tū v lās-sé dŕēwĕ vĕzdŕĕc dė grémādë. Tāk wön pŕĕšĕt dé jĕdnĕ χōįkχi nā-glińi gōrë. Tāk wön tq χōįkq wúĕbzĕrūl ā f tĭ χōįcĕ bārzé cĕš stqkāłĕ. Tāk wön f kôł χuĕdzūy tĕ χōįkχi, jāš wön wåzdŕūł pχōré. Tāk wön té pχōré vĕcignǫ. Tāk s tĕ χōįkχĕ vĕlēcūl dim a s tēguĕ dĕmū-sq nālós ćórni χłuĕp. Tak ten χłuĕp sq-gue pĭtūł: »Nā, cĕš jó-cë zā-té dōm, že tĕmiĕ ¹) s tĕ χōįkχē vĕpŭscūl? Tāk tēn puĕóodó: »Jó zā-té ńic niĕχc« ²). Alĕ tēn χłuĕp ŕēk: »Jā, jó tēguĕ dārmuĕ ńĕχc. Jó-cë dōm tū tāky ksǫśkq, že tĕ bdzĕš mōk fšĕstkχëχ lĕdzi ūzdrāváć«³). Tak wön tq ksǫśkq vzǫ wöd-ńĕguĕ. Alĕ-mū puĕóodó: »Jó-bĕ déχ rôt ûdzūy, jāk tĕ s tĕ χōįkχĕ vĕlós, óbuĕ (!) jāk tĕ v ńi tq mōk bĕc«.

Tak wön-mū puĕóodó: »Kúĕ jó-cë té púĕkóžq«. — Tāk tē-sq stĕł ćórni dim ā tĕn f tq dzūrkq vlēcūl. Tūk tēn kućvól jĕš mĕł té pχōré v rqcĕ. Tāk wön χŭtkuĕ tq dzūrka zātk a puĕóodó: »Jó-cē tq ńĕfpŭšcūł, tak jó-cē tĕš ńĕmdq vĕpŭšcūl«. A-tq ksǫśkq ten kućvól wúĕtŕimūł.

Tāk púĕłĕmū wön f fĭ ksǫścĕ ćĕłūy ē mōk tĕš fšĕłkχëχ lĕdzi ūzdrāváć. Tāk wön bārzé vĕlĕ lĕdzi ūzdrévĭł (= ûu). Alĕ nā-wuĕstátkū wön sōm bĕl jū bārzé stóri. Tāk wön ftĭ ksǫścĕ mĕł vĕćĕłǫnē, že tχĕbë wön-sq dĕł nā-wuĕbúĕnq puĕsĕkŭc v bĕćkq a f kōnstχi gnōį zakuĕpac, tāk zā-dzĕvǫc mĕsqci wön-bĕ wödžĕl a bĕl-bĕ mlŏdi (!). Tāk wön mĕł parépka, tĕmū wön fšĕtkuĕ ćĕfūl⁴). Tāk wön tĕmū tĕ púĕvĕdzūl a nákózūl-mū, že mĕł tāg-zńim zrĕbic. Alĕ mĕl pāmqtāc zā-dzĕvǫc mĕsqci, že-bĕ wön-guĕ vĕkuĕpūl s tēguĕ gnéįū ū vĕpŭscūl s tĕ bĕćtχi. — Tāk tēn tĕž-z ńim tāg-zrĕbū a ńikuĕmū ńic wuĕ-tim

---

*) Auf S. 66—70 sind sämmtliche ó als ő aufzufassen (s. Heft I, p. 88); das Accentzeichen ersetzt lediglich den diakritischen Punkt.
¹) So klingt es mir, nicht mĕ.
²) Man könnte auch »ńĕχc« schreiben.
³) Ich hörte deutlich *ū—*.
⁴) sive »ćĕŕūy«.

něřěk. Fšěstcë lŏdzě-sq pitūlë zā-tīm kuěvólq, ălě nĭχt wuě-ńim
ńěvědzūł¹). Tāk na-wuěstātkū zå̀χuěŕūł sŭm krōl. Tāk sprěvódzūł
fšěstkχëχ děktěrŏf a żŏděn-mu ńimōk ńic puěmuěc, jäš nā-wuěstātkū
rādzělë těmū krŏlěvi, żē tū v Lězěně běł tātχī kuěvól, tēn mōk kåż-
děguě ūzdrěvic (ū!). Tāk-těn krōl tū dě-Lězěna puěstū zā-tīm kuě-
vólq; ălě tū-guě ńěběło (!), wön běl zdjīńéni. Tāk těn krōl ălě kuě-
ńěcńě χcěl vědzěc (visdzěc), dzē těn kuěvól wuěstūl. Tāk bělue
fšądzě zā-ńim śukǫně. Nā-wuěstātkū těn parépk, cě wů-něguě
słūżū, běł pitǫni. Těn-sq zåpχěrūł, żě ńěvědzūł, ălě na-wuěstātkū,
jāk jěguě χcělě zaśpōrěvāc, tāk wön řěk próvdq, żě měl jěguě f
kōnstχīm gněju zākuěpōni. Tāk wöńi zārō dě-těguě gněju těguě pā-
répka vzqlě; wön mŭšūl-guě wötkuěpāc. Jāk wöńi tq běckq wŏttěm-
klě, tāk wön sēdzū f ti běccě nā-ūckū a měl rqcě złużěně. Alě-sq
zārō réssěpūł: buě tě jěš ńěbělue tě dzěōqc měsqci fūl.

2. Zaubermittel gegen Krankheit.

Tū nā-těχ Lězinstχěχ pūstkåχ měškō jěděn pōlgbūr: těn-sq
nāzěvō .....i. Těmū zåχuěrā rós krěva: tāk wön puěstū svouěiq
cōrkq dě-fsě zā-lěkārstoq a tě dzěfōq bārzě běgāluě ū-sq dīχlīχ
zgłāluě. Jāk wöné prěšluě s tīm lěkārstoq, tāk wöné mušāluě zārōs
nā-puělě jic dě-bědla. A tq wöné lěgluě nå-zěmq a zěmné bělue
a půš-těmū wöné zåχuěrāluě.
   Tāk těn wěc ńěvěři f tě, żě-bě wöt wůzěbńěnō zåχuěřāluě, lě żě
tě wöt złuěguě ćluěvěka-bě bělue. Tāk wön ńě dě děktěrŏf, lě tū-sě
jědněguě ćluěvěka děstuł, těn z ńim mūšū jåχāc dě Gdǫsku dě čārně-
kříżńikŏf zā-rādų.
   Tāk těn-guě lěš zåprěvādzūł tq gdzěš, żě wŏńi-mū tq dāle f
sklōncě třěχ ďōblōf. Tak wön jīχ tū prěńōs a tū lědzōm puškāzě-
vūł: tχě wön tq sklōnkq zrěšūł, tě wöńi f tī sklōncě šlě dě-gōrě. —
Tě fšětkuě ălě ńic ńěpuěmuěgluě, ta jěguě cōrku jě²) puědzisdzěń
krēplq. A těn wěc rōs f tě věři, żě tě wöt złuěguě ćluěvěka jě.

3. Selbsthilfe gegen einen Vampyr.

Tχē jō-běl tātχīm mólim knópq, tě prěšět jěděn dě-měguě wěca

---
¹) Der ł(ų)-Verschluss kaum hörbar.
²) Klingt: »jů« und könnte auch »jě« geschrieben werden.

a puŕóódŭł, jåk wŏn¹) jĕdnĕguĕ vĕŝćĕguĕ scinŭł. A jó nā-tĕ stĕχŭl. Tak wŏn¹) puŕóódŭł, żĕ na Rĕbākuĕfstχĕχ pŭstkăχ wúmārła jĕdna bălka. A jåk wŏńĭ ją mĕlĕ zūχuĕvǫnĕ, tăk tā cătó famìlìją ząχuĕtā. Tăk wŏńĭ zārŏ nā-tĕ pŕĕŝlĕ, żĕ tă-bĕłu vĕŝĉŏ. Tak wŏńi-sĕ dŏbrālŏ tŕĕχ wŏtvŏżnëχ χłuĕpŏf; ŭ mĕłĕ (mŭĕłŭ oder mĕłŭ) j̀ic v nĕcĕ na smątŏŕ ā ją wŏtkuĕpăc a scǫr, żĕ wŏna pĕvnĕ bĕla vĕŝĉŏ (ŭŭŝĉŏ oder vĕŝĉŏ).

Tăk ŭ tĕŝ ŝlĕ a wŏtkuĕpāłŭ ā jåk wŏńĭ (!) tĕn vĕŕk zĕ-zārkū zjąłĕ, tĕĭ wŏna v zūrkū sĕdzā. Tăk wŏńĭ fŝĕłcĕ tŕĕĭŭ wúcĕklĕ, ălĕ są dĕχ rĕzmĕslĕlĕ; ten jĕdĕn bĕł tātχĭ dzĭŕtχĭ, tĕ bĕł tātχĭ mŭłŏŕ, ...ł z Lĕzĕna. Tăk tĕn puŕóódŏ: »Nĕ, mĕ mŭŝĭmĕ jĭc nāzŏt ā-ją scǫc. Tăk wŏńĭ ŝlŭ. A ten ....ł ŕĕk: »Jŏ wáχvŏóŭł tą bābą zā-ŏĕprĕną a vĕvlĕk nā-kąĭntų zārkū; ā tĕn drĕdjĭ ŝpŏdų cǫ ā-jĭ głuĕcą wŭcǫ. Tak tĕ mĕ vzqłŭ wŏt-tĕ krĕĕĕ²) f pāpχŏr ĕ tĭm nā-tĕ pŭsttχĕ zăńĕsłŭ³). Alĕ drĕdjĕguĕ dńā ta krĕf bĕla zĕ-ŝāfĕ prĕć. — Tā fămìłìjŏ pŭstĕmu vĕzdrĕvā jĕdnŭk.

b. Grabowitz-Schönwalde.

Das Glück des Dummen (vgl. S. 60.)

Jĕdĕn głūr mĕł tŕĕχ sĕnŏf; a dvăj̀ĭ bĕłŭ mądrĭ a jĕdĕn bĕł gŭpĭ. A tĕ wŏn mĕł łųką a tą mŏ vĕdnĕ ktĕ zvłŏkųnŏ. A tĕ ten jĕdĕn ŝĕt pāŝĕvăc, a tĕ wŏn sĕdzĕł a wuĕpāŝĕvŭł; ălĕ tąm ńĭχt ńĕpŕĕŝĕt, łĕ jĕdnă mĕŝ. A wŏn jĭ mĕł dāc jĕsc χłĕbă, ălĕ wŏn jĭ ńĕdĕł. A tĕ wŏn łăk a wŭsną a na puĕrĕnk bĕla wŭvlĕkŏ ta trŏva. A tĕ drĕdĭŝ-guĕ dńā ŝĕt tĕn drĕdżĭ siŭ a wuĕpāŝĕvŭł, a nā mĕŝ pŕĕŝła znĕw a wŏn-jĭ mĕł dāc χłĕbă, ălĕ wŏn-jĭ ńĕdĕł; a wŭsną a trŏva bĕla zvlĕkŏ⁴) na puĕrĕnk.

A tĕ tĕn tŕĕcĭ ŝĕt, tĕn gŭpĭ. A tĕ wŏn sŏt kuŏłŭ grĕpĕ sąnă a sĕdzĕł; a tĕ pŕĕŝła na mĕŝ u tĕ χcăła mĕc⁵) χłĕba. Tăk wŏn-jĭ dĕł u tĕ wŏn-są pĭtĕł-jĕ, ĉĕmu ta trŏva bĕla tăk zvlĕkŏ⁴). A tăk wŏna

---

¹) Ich glaube hier deutlich »wŏn« gehört zu haben; der Erzähler spricht gut aus.
²) krĕvĕ würde ungefähr die wirkliche Aussprache geben.
³) sive »zăńĕsłŭ«.
⁴) — zvlĕkŏ.
⁵) sive »mĭŝc«.

jėmu dāła tāku̯ pipku̯, ċė-bë wȯn nā-ńi zȧgḃizdnu̯, tė, cė-bë wȯn sébë zȧmiṡlėl, lė-bë mū-sq̇ fṡëstkuė stāłuė.

Tāk wȯn sėdzėl a tė pṙëlëcȧlė tṙë gȯłu̯pċi bȯli a tė-sq̇ stṙq̇słė a tė pȯra z ńïχ spādłë a zńïχ-sq̇ tṙë pq̇nnë stāłë a zȧ́ċq̇łė ta̯ińcėvāc a wȧvlėklë nq̇ tṙȯoq̇. Tė tėn ḃidzėl, ktė tė zrėbuł. A tė wȯn lėk nā tė j'ïχ pȯra a wȯnë puėta̯ińcėvāłë tṙȯvq̇ a tė wȯnë pṙėšłė dė-ńėguė a χcāłė mėc swu̯ėi̯ė klėdë a wȯn j'ima ńėχcėl dāc. Tāk-wȯn gȯdėl dė-ńïχ, rëχlė-bë j'ïχ nȧdėl jaṡ wȯnë, ta jėdnā bė-sq̇ z ńim wu̯ėżėńiła; tė-bë j'ima dėl tė klėdë. Tāk ta jėdna zjq̇ złu̯ėtu̯ ċėdq̇ a jėmu dāła nā-ṡėi̯q̇ a swȯi̯ pėrscėń. A tė ta gu̯ėdzėna bėła dė-kȕnca, tė wȯnë mȕṡȧłė la̯iċėc dė-zȯmkū, gdzë lėżėl nā-sχȯt słȕnca ā na pȯlnėcė wȯt-zėmė.

Tė tq̇ bėłë mu̯ėrdāṙë; tāk tṙėcėguė dńa wȯnë-bë pṙėjaχālė dė-ńėguė, tė wȯńi-bė mėlė ḃėsėńi. Ta jėdna-mū puėdāṙėvȧ́ złu̯ėtu̯ jāpkuė a ta drėgȯ zėgȧrk a tā tṙėcȯ bėła jėguė brȕtka. A tė wȯnë jėguė prėsėłë, wȯn mėl tq̇ pṙindz-dė-ńïχ. Buė wȯnë-guė sq̇mė ńimu̯ėgłė ozu̯c; buė wȯnë bėłė pṙė-mu̯ėrdāṙȧχ o zāklq̇tim zȯmkū[1]). A ċėbë wȯn tq̇m pṙėṡėt, tė wȯńi-bė-guė zārȯ zȧbiłė.

Tāk wȯn sėbė rėzmiṡlėl, jāg-bė wȯn zrėbił. Tāk wȯn-sq̇ rȯs ozu̯ a ṡėt pṙės-jėzėra a pṙės-gȯrė. Tāk wȯn pṙėṡėt dė-jėdnï χȧłėpë. Tė tq̇ sq̇ bïłë dwu̯ėi̯ė lėdzi vėdłȧk mėca a ńimu̯ėglė-sq̇ wüjėdnāc. A wȯn-jïm ṙėk: »Nėbicė-sq̇ a da̯iċė-mė-guė; wȯn-sq̇-mė pṙėdȯ a wü-vāi̯ï bu̯dze zguėda. A tā bȧłka ṙėkła: »Ktė-sq̇ zā ten mėc wüχvȯci ẋėvi, tėn bu̯dzė zārȯ dȯl, a ktė-guė pṙėtkńė dė-wümȧrłėguė, tėn bu̯dzė ẋėvi«. Tāk wȯńi-mū-guė dāłë a wȯn ṡėt dāłė.

A tė pṙėṡėt znėw dė-jėdnï χȧłėpë; tq̇ sq̇ bïłë dvāi̯ï brācė wuė pȯrq̇ bȯtüf. Tėn jï rȯt χcėl a tėn, a wȯn-jïm ṙėk: »Nėbicė-sq̇ wuė-ńė a dȧi̯cė-mė jė ā-mė wȯnë(ȯ!)-sq̇ pṙėdādzu̯ a wü-wāi̯ï bu̯dzė zguėda. A tė bȯtė, cė wuėblȧk a krėk stȯpił, tė bėła miła. A wȯńi-mū dāłë a ṡėt. A tė pṙėṡėt z nėw dė jėdnï χȧłėpë, a tq̇m-sq̇ znėw bïłė dvāi̯ï brācė wuė-jėdnq̇ mȕcq̇; tėn-jq̇ rȯt χcėl a tėn. A tā bėła puė-jïχ wuėcȕ; a ktė jq̇ fsādził nā-głuėvq̇, tėguė ńïχt nėḃidzėl; buė tėn bėl nėḃidzālni. Tāk wȯńi-mu-jq̇ dāłë a wȯn jïm puėdzęku̯ėvėl a ṡėt.

A tė wȯn pṙėṡėt dė-jėdnï χȧłėpë. Tq̇m bėła stȯrȯ bāpka; ta bėła krȯlėvu̯ fṡėstcėχ rip. A tė wȯn-sq̇ jï pitėl, żłė-bė wȯna ȯsdzȧ

---

[1]) Dumpfes ŭ mit ŭ-Nachklang.

wuě zǫmku, gdzē-bë lěžůł f sχōt słō̦inca ā na-pōłnécë wöt-zēmi. A tě wöna vzą pipką a zagvizdną. Tak fšěstći rëbë přěßlě dé-ńě, a-wòna-są jiχ pitā́, žlě-bë wönë vēdzālë wuě tim zōmkū a wönë glúěoqmī strą-slë, žē ńě. Tāk wön ji pužedzękuěvěł a šět dālē. A tē přěšět dé jědni χałëpë. Tąm běła krōlēvó fšěstćëχ ptóχǔf. A tē wön-są jě pitēł, žlě-bë wöna vēdzā́ wuě-tim zōmkū f sχōt słō̦inca a nā-pōłnécë wöt-zēmi. A wöna ŕēkła, žē ńě, žē wöna běła krōlēvą̨ fšěstćëχ ptóχǔf; móžě tě-bë vēdzālë. Tāk drědžēguě dńa niglě sví-tāłe puěrēn, a wöna věšla, zāgvizną nā-pipcě. Tāk fšěstći přěłēcālë dé-ńě a tē-wòna-jiχ-są pitā́, ëžlě wönë ńěvēdzālē χtěrnë wuě tim zǫmkū. Wönë ŕēklě, žē ńě. A tē wöna jiχ-są pitāła, běłë wönë fšěstći. A wönë ŕēklě, žē jěš jědèn felěł. A tē wön přěłēcěł zā́-χvīłą, a tē wòna-gùě-są pitā́, gdzē wön bě́ł. A wön-ŕēk, wön bě́ł kuōłě zǫmku, gdzē łěži f sχōt słō̦inca ā nā-pōłnécë zēmi. Tāk wòna-mū ŕēkła zā tą štrófą, žē wön rāzą ńěpřěłēcěł s tëmi, tak zā tą štrófą wön músi vzuc tēguě ćłúěóěka na swuě̦e skřidła a na pùtχěł a zā-ńě̦sc-guě tąm dé-tēguě zǫmkū.

Tāk wön-guě vzą ū z ńim łēcěł. Tāk wön z ńim přěłēcěł a tē-guě tąm púěstāvił; a wön wústupχił vē-dvěŕāχ a stě̦ịi; a ni múěrdāŕë bě́łë fšětcë prěč. Tāk jāk wön vidzě́ł, žē jiχ tąm ńěběłuě, tāk wön sklēpną nā-dvéŕě; tē ta jědna věšla a tē wön-ji puědě́ł ně złuětī jāpkuě. Tāk wöna guě zāró puěznā, žē tě tēn bě́ł ti ji sěstrë χuěp. Tāk wöna věšła těš v dǫm, buě v jizbą wönë-guě māłë strāχ vzuc, žē-bë ti přěßlë, ti múěrdāŕë, ā-guě zābiłë.

A wön ŕēk, wönë nimāłë měc strāχu, žē wön měł tāći mec, wön-bë jiχ fšěstćëχ zābił. Tāk wönë jěmū ŕēklě, žē wuě ti guědzěńe wōńi-bë přěßlë ā tē tě bě́ł čās, wön-są měł zdzē sχuěvāc. Tāk wön wústupił vě-dvěŕě a fšādził swuě̦ią mùcą. Tē-guě ńiχt ńěvidzěł. A tē wōńi šlě puě-jědněmu v jizbą; a wön dě kāžděguě nim měcą přětk. Tě wōńi zāró bě́łë dōt. Tak wön tāk dúguě, jāš fšětcë bě́łë dōt. A tē wōńi jiχ vząłë a věvłěklě būten a zāku̯ěpāłë. A tē wön vzą fšěšći buěgāctva a vzą ną swuě̦ią bāłką ā tē ji sěstrë a tē šlě tąm v jěguě strěnë. A tē wōńi-są puěbùdě́vāłë dǫm a žěłë jāš dé-směrcë.

III. Bukow und Jasen, Kr. Karthaus.

a. Bukow.

1. Eine Sprachkur.

Jědnēguē rāzī bŏła jědna māṭkă, jï m̕ā jědnēguē sëna jï tēguē wöna χcā rēt f škuēlë dāc, żē-bë sq co puē-m̕ēckuŷ ¹) n̕ȧwŷc̕ił. Tāk wöna muŷ dū t̕ělë pχēńqdzī jï-guē puēsła, jï wön šet. Tē wön šet f kārc̕mq, a co wön m̕ēł, to p̕repχił jï p̕rējet. A tē šet nāzēt jï χcēł-sq sï̈m puē-m̕eckuŷ wŷc̕ëc. Tē jāk wön bēł kūvăl v drōdzē, t̕e v̕ēlēcā gāpa z gn̕ēzda.

Tē wön sq p̕rēzd̕rēł nā-no jï t̕ēk: »Krajnōstū«; jï tē šet dāh jï nō t̕ēdnō sobē gēdēł. Jï tē p̕rëšet dō jědnēguē błotka, tqm płónqłē kuc̕c̕i; tē wön sq p̕rēzd̕rēł nā-no jï t̕ēk: »Endŷküs«. Jï tē šet dalëk jï m̕ēł dvā, jï no t̕edno sobē gēdēł. Tak wön p̕rëšet do jědnēguē v̕úłdžēguē šādēguē dqba jï sq p̕rēzd̕rēł na-nó jï t̕ēk: »To jē diχfiχ »Rēpūblātǫn«. — Tē m̕ēł jï t̕rē słova puē-m̕ēckuŷ nawŷcōnī. Jï tē šet dō-dōm jï t̕edno sobē no gēdēł: »Krajnōstu, Endŷküs, Rēpūblā- tǫn«. Tē c̕ē wön p̕rëšet dō-dōm, tē mătka-muŷ ṅic ṅmuēgła rōzm̕ēc.

Tāk drēdžēguē dn̕a šła nā matka tqm do swēiëχ sqsādôf jï jïm t̕ēkła: »Jē m̕ā svēguē sëna dǫnī f škuēlë, żē-bë-sq co n̕ȧwŷc̕ił, a tēris wön p̕rëšet dō-dōm a jēmuŷ ṅic ṅmuēgq rōzm̕ēc«.

Tāk nï sǫsūdzē jï t̕ēklë, żē wöna m̕ā tak, c̕ē-bë sq buŷlvē guēto- vālë, vzǫc tē vārī jï m̕ū-muŷ puēlēc nā-rqkq. Tē wǒna-bë v̕idzū, żlē-bë wön p̕rēm̕ōv̕ił.

Tāk wöna šła dō-dōm jï tē drēdžēguē dn̕q to zróbiła. Tē wön tāk χuēdzīł sobē puē-jīzbē jï v̕edno-no gēdēł »Krajnostu, Endykus, Rēpūblātǫn«. Tāk rēs dēł-sq namuēv̕ic jï šet do nē kuēmīnka na- łāvq. Tāk na mātka vzqła nē vārī jï puēlā-muŷ nā nq rqkq. Tē wön t̕ēk; »Oχ hērjēnnë, m̕ēmkuē, cēz-vē róbicē?« Tāk nā matka f sm̕ēχ jï v̕idzā, że wön p̕rēm̕ōv̕ił jï nȧwŷc̕ił-sq gādac.

2. Diebeslist.

Bŏlë t̕rējï złōdzēje. Tak wöni šlë nēpt̕ōt jědnēmuŷ pqnï v̕ēlē pχēńqdzī wŷkrāsc; jï tē šlë jědnq krōvq wŷkrāsc jï šlë z ṅm v lās.

¹) d. i. puē-ṅem̕ëckuŷ.

Tāk tŧn jŧdŧn χcēl le tŧn brëχ. Tāk wöńi-muỹ guē dŏlë ji̯ tē wön
z ńim łēt do-jŧdnēguē błötka. Tē wön dôstēl kāvāl drēvnă ji̯ wöt
klöftö ji̯ tē zāčųl di̯χli̯χ v nèn brëχ dic ji̯ plākăc ji̯ vrèłčēl: » Tö jē
ńi, to nē dvāi̯i̯ a dzèł wöńi sųm? — Tąm v gōrè«. — Tak nē dvāi̯i̯
slöχēlë nā-tö ji̯ döstēlë strāχ ji̯ zāčąlë wỹcēkāc. Tē jāk nèn-sq v nèn
brëχ nūbil, tāk łēt tąm dŏ nëχ dvi̯χ zāzdrēc ā čē wön prëłēt, tē tąm
ńēbŏlo tëχ dvi̯χ, lē pēńądze a ḿąso. Tāk wön vzǫl në pēńądze ji̯
ḿąsa, co mōk dôńēsc. Ji̯ tē łēt nāzēt.

b. Jasen.

Der Mann ohne Furcht (vgl. S. 68).

F Sěrăkǫ̇i̯căχ bēł jēdŧn χlop; ten ḿēł sto pȯłzlotkȱf a wön likē-ł
zā-strāχą; χlȯ́-bē-muỹ puēvēdzēl wē jāčim strāχuỹ, tēmuỹ wön-bë
dēl to sto pȯłzlotkȯf. Tak prëšet rēs na smątēŕ, tē ten vorgāńista
muỹ puēvēdzēl, žē nā jēdnim grōbuỹ tąm fslēi̯ēl puētąpχąi̯nc. Tąm
wön-lē ḿēl stȱi̯ēc.

Tak wön tēł stōi̯ēl v nōcē; tē ten puētąpχąi̯nc fstēl. A ten
χlōp, ten zāzdrēl tąm tēwē puēscēlēńi; tāk lēk f trēmą. A ten puē-
tąpχąi̯nc šēt strālèc. Tē znēw prëšēt nāzēt, ā nen χlop lēžēl v nā
trēmë. A tē ten puētąpχąi̯nc rēk: » Vēlēzë ḿē, buē jē čās, s tē trē-
më«. — »Jā jē-cē ńēvēli̯zą«. — »Ja, vēlēzë, buē jē čās«. — »Jö, ālē
puēvi̯c-ḿē, gdzē tē lāzil; tē jē-cē vēlēzą«. — »Jā, jē χuēdzą dŏ-jēd-
nēguē dwuērī, tą strālèc, lēdzųm kārči skrącèc«. — Tak tē ten-muỹ
vēlēs, tēmuỹ puētąpχąi̯ncoči s ńi trēmë. Tē znēw na drögųm nōc, tē
tŧn χlōp łēt do teguē dwuērī. A vzǫ̇-so jēdnēguē kāmrēla zē-sōbų.
A tē tąm bëlë nā-ji̯zbē. Tak jēdnim rāzēm zātrēščēl dēl, tē wön-sq
prēzdrēl: spādla nōga. »Jā, to jē nōga, ālē cēš s tųm nōgųm, čē ńi-
ma ȯqčē?« — Tāk zā-štěrk spúscèlue (ntr. sgl.) drēgųm nōgą. Tāk
wön rēk: »Tērē sų dôē; ālē cēł s tēmi dvi̯ma, čē ńima tē štąmë?« —
Tak za-štěrk spúscèlue muỹ-tą štąmą; wön to fšēstkuē zēstāvēł, tō
muỹ pȧsovāluē »Jū, tērē tō-bē-sq dŏ-čēguē mālo, žē-bē bëlë rące«.
Tak spúscèluē-muỹ zą-štěrk jēdną. »Jā, tērē-sō prēsādzēl tą rąką;
to-muỹ pȧsōvālo«. »Jā, ālē žē-bē bēla drēgē tērē!« — Tag-zā-štěrk
spúscèlo tą rēką; wön-ją prēsādzēl. Tāk rēk: »Tō-bē-sq ḿāło do-
člōvëka, žē-bē bēla glova!« — Tāk za-štěrk spúscèlo glovą. Wön
tą glovą prēsādzēl. »Ja tērē tō-jē čověk (!), ālē stōi̯i̯ jāk ślip (sive:
słŷp); a co li s tōbų robic, žlē jē vēznų či a jē cē li pērą vēvālą, tē

të pūdzeš tī štōt buÿtenᴏ. Vênëkël-guē buÿtĕn; tak šēt na lā́vᴏ jī sēdzēł a swuḗįguē kāmrēta puēsłēł zā-dřēvᴏ. Tak wön muÿ długuē néšēt. Tak tē nēn puētᴏpχáįnc přěšět z nēguē smᴏ́tḗra a swuēįᴏ trëmᴏ m̂ēł puöt pēχᴏm. Tē ten χłop-muÿ rēk: »Ahᴏ́! Dzīs tё néštś tᴏ trëmᴏ zē-sobṷ́ᴏ. — »Jō, buē tê-bë-m̂ē znēw v nᴏ vlēsᴏ. — »Jō, jō, të- lē lēgńī v ńᴏ tīᴏ. — A ten χłop šēt za tīm swuḗįm kamrētem. Tē wön-guē döstěł na-dōm̂e, m̂ēł kark skrᴏcōnē. » A čĕ mēš, tĕ lēš (!)ᴏ. — Tak wön hālēł-sŏ dřēva sᴏm; tē fstávił-so pχivuē (v!) ā-so zā- guētōvěł swuēįe pχivuē. A ten puētᴏpχáįnc tēn m̂ēł swēįᴏ trëmᴏ nū- łāvē puēstavōnī jī v ńī lēžēł. Tāk tē ten χłop vzᴏ swuēįᴏ grēpᴏ s tīm pχivᴏ, šēt na jīzbᴏ, vlēł na puētᴏpχaįnca f tᴏ trëmᴏ a puēvēdēł: »Prōst švōgerᴏ. — Tāk ten puētᴏpχáįnc vêskuēčił s tī trëmë, ā ten χłop χuÿtškuē skuēčił jī lěk. A ten p. χuēdził vēdlĕ ńēguē jī puē- č̆ēdē: »Vêlēzĕ, buē jē čāsᴏ. — »Jū, jē-cē ńēvēlēzᴏ; řéč̆ë-m̂ē, žē-tĕ tī ċᴏcī ńēbᴏdzěš χuēdzīłᴏ. — »Ja, jē tī muÿšᴏjīcᴏ. — »Na čē muÿšiš, tē bᴏcᴏ. — »Jū, jē tī ńimuēgᴏ bëc; vêlēzë-m̂ē, buē jē čāsᴏ. — »Jē-cē ńēvēlēzᴏ; řéč̆ë-m̂ē, žē tī ċᴏcī ńebᴏdzēš lētēł. »Ně, m̂ᴏ tī ᴏ́ᴏcī ńїχt ńewÿzdřīᴏ. »Jō, ălē co twuēįe słovuě bᴏdze znēw plắcëlo?« — »Jō, muēįe słovuě bᴏdze plācëlo, m̂ᴏ tī ᴏ́ᴏcī ńїχt ńewÿzdřīᴏ. Tak wön-muÿ vēlēs. Tē ten puētᴏpχáįnc sχvēcił swuēįᴏ trëmᴏ puöt-pěχᴏ jī wÿcēkē z ńᴏm. Puč̆-temuÿ tᴏm-guē ċᴏcī ńїχt ńēvidzēł. Jī lēdze muēglě m̂ełkac.